河池学院学术专著出版基金资助

现代汉语
结果范畴研究

靳开宇 著

吉林大学出版社
·长春·

图书在版编目（CIP）数据

现代汉语结果范畴研究 / 靳开宇著. –– 长春 : 吉林大学出版社, 2024.3
ISBN 978-7-5768-1684-6

Ⅰ. ①现… Ⅱ. ①靳… Ⅲ. ①现代汉语 – 研究 Ⅳ.
①H109.4

中国国家版本馆CIP数据核字(2023)第089658号

书　　名：现代汉语结果范畴研究
XIANDAI HANYU JIEGUO FANCHOU YANJIU

作　　者：靳开宇
策划编辑：殷丽爽
责任编辑：殷丽爽
责任校对：安　萌
装帧设计：李文文
出版发行：吉林大学出版社
社　　址：长春市人民大街4059号
邮政编码：130021
发行电话：0431–89580028/29/21
网　　址：http://www.jlup.com.cn
电子邮箱：jldxcbs@sina.com
印　　刷：天津和萱印刷有限公司
开　　本：787mm×1092mm　　1/16
印　　张：14.75
字　　数：260千字
版　　次：2024年3月　第1版
印　　次：2024年3月　第1次
书　　号：ISBN 978-7-5768-1684-6
定　　价：72.00元

前　言

现代汉语结果范畴及其相关问题一直是中外语言学界研究关注的主要内容之一，以往多从句法结构形式和句法关系意义角度展开研究，但是对于结果范畴内涵的界定及其相关问题的解释说明都比较模糊，目前还缺乏一个相对统一的理论阐释框架。为解决上述认知困惑，借鉴当代认知语义学原型范畴思想、事件语义结构分析模式以及认知心理学关于人的记忆工作原理等的理论认识成果，重新明确了结果范畴作为事件语义构成要素的理论内涵，区分了结果范畴研究的两个分析维度——作为事件语义构成要素层面和进入现实言语交际的句法使用层面。

结合当前认知心理学关于人的记忆系统的相关理论研究成果，将上述两个理论维度的分析与人的长时记忆与短时记忆工作原理联系起来：一方面，与人的长时记忆工作原理相联系，重点探讨结果范畴作为不同事件语义构成要素的语义特征及其符号编码形式；另一方面，现实的言语交际需求与人的短时记忆工作原理有关，受制于说话者不同的语用交际意图，集中分析结果范畴在实际句法使用层面出现时所形成的诸多话语形式序列及其出现的条件、制约的规则。

本书主体论述部分主要由六个章节构成。

第一章对于结果范畴研究的缘起和研究意义做出说明。主要分为三个小节内容，首先介绍了为什么要研究结果范畴，对结果范畴理论内涵的相关认识。其次介绍了结果范畴研究中存在的问题根源、解决路径以及对于结果范畴研究的理论和现实意义。最后对于本书的研究方法、语料来源及其使用做出说明。

　　第二章集中对当前学界对于结果范畴的内涵及其认识深化过程进行了综述，主要分为三个小节内容集中概述中外语言学界对于结果范畴的相关研究成果，并对结果范畴研究发展趋势作出说明，进而提出认知结果范畴观的理论研究设想。研究分析指出，将结果范畴看作一种语义功能范畴和认知原型范畴，总结结果范畴在研究中学界认识的深化过程，提出借鉴认知语言学中原型范畴的理论思想，转变单一静态的结果范畴认识观念，建立动态的认知结果范畴观。

　　第三章主要是对本书结果范畴研究选择的理论路径——事件及其相关的事件层级建构等事件分析理论进行了介绍。这一部分主要安排了两个小节内容。在第一个小节里重点对学界关于事件的界定及事件研究的主要分析模式进行理论背景介绍，另外，对事件及其分析模式的理论启示进行了总结说明；在第二个小节里，首先对事件的层级建构过程及其主要影响因素进行了分析；其次论述学界对于事件建构过程的分析模式，以及以"事件-构式"模式为基础形成的"达成"事件框架和"完成"事件框架。

　　第四章主要是对事件语义框架下结果范畴的影响因素进行了分析，同时对于结果范畴在两类事件语义结构中实现的事件功能和形成的构式义进行了总结说明。这一部分主要包括两个小节的内容。在第一个小节里，一方面介绍了结果事件中参与者的影响因素，包括参与者形成的不同事件时间的意象图式，以及由参与者主观识解方式不同而形成的不同句法结构形式；另一方面概述结果范畴的语义表征形式及其发展演变过程。在第二个小节里，首先说明了结果范畴实现的事件界化和事件指称的功能；其次总结了结果范畴在达成事件和完成事件中具有的不同事件义。

　　第五章是达成事件中结果范畴的话语实现方式研究。对达成事件框架下的结果补语构式情况进行了语料考察，具体分为两个小节。在第一个小节里对语料使用情况进行了总体说明和考察，包括三个方面内容：词典语料编排情况介绍、对补语成分构成情况和单音节补语使用情况等都分别进行了总结说明；在第二个小节里对达成事件中结果范畴话语方式和语用功能分别进行了考察说明。

第六章是完成事件中结果范畴的话语实现方式研究。对完成事件中结果范畴的使用情况进行了语料考察，具体分为两个小节。在第一个小节首先对语料使用情况进行了总体说明，主要内容包括对词典语料编排和结果格使用进行了说明，同时指出语义格框架在事件语义角色标注上对于计算语言学研究带来的影响和混淆之处。另外对于补语性成分、句子情状类型的语料使用情况进行了语料考察和分类概括。在第二个小节对完成事件框架下结果范畴话语实现方式语用功能作出了说明，对于具有虚化义的结果范畴在表征事件的时间量级上具有的级差性使用特征进行了举例说明。

结语部分主要分四点内容进行了总结。首先，总结结果范畴研究得出的一些结论；其次，说明结果范畴事件语义研究对于动补结构研究提供了一个新的认识视角；另外，基于说话者交际意图实现的功能维度对于结果范畴的话语实现方式作出规则描写；最后，对今后结果范畴相关研究提出进一步思考解决的问题。

目　录

第一章　结果范畴研究缘起及研究意义

第一节　为什么要研究结果范畴

一、写作缘起

当前我国汉语学界是否已经提出了结果范畴这个术语？为什么要研究结果范畴这个问题？结果范畴到底是一种语义范畴还是一种语法范畴？其实这些都是困扰笔者很长时间的一个个难以解答的问题。最初对这些问题感兴趣，是因为在从事现代汉语教学工作过程中遇到过这类问题，现代汉语教材中关于补语语义类型划分的相关内容论述得不清晰，自己也一直没有合适的机会深入钻研这些问题。因此，在现代汉语课程教学中自己也是一直十分认可地将这类语法现象首先从形式角度归类分析，然后再结合相关补语意义类型论述进行具体分类研究。但是事实上，补语的语义类型非常多样，这些首先依照形式特征再分出的语义类型里是否存在语义交叉现象？难道状态补语只是表示状态吗？为什么这个"状态"不能看作是"结果"？好像状态补语里又隐含了某种"结果"义。另外，结果宾语里的"结果"到底是什么意思？结果宾语里的"结果"与结果补语里的"结果"有没有关系？类似的诸多疑难问题困扰笔者很长时间，所以在选择继续攻读汉语言文字学博士学位的论文选题时，最初只是想到选择从动补结构角度来尝试解决这类补语语义类型划分问题，进而再深入谈谈对结果补语、结果宾语两类句法结构成分的认识和区分，当时的想法很简单，就是想对这些困扰自己很长时间的语言问题作出一个清楚的辨析，因为这样可能会对补语的语义分类有一个更清楚的认识。可是真正阅读理解前辈学者的文献资料才发现，要想突破这个理论研究瓶颈真的是并不容易，看来自己"年少轻狂"有些"轻敌"了。因为查阅大量文献资料就会发现，动补结构、动结式、结果补语、结果宾语、致使范畴等问题的现代汉语共时研究文献非常丰富，而且对补语及其相关问题研究古汉语学界持续的时间很长，历时和共时的研究成果更是不胜枚举，其中还涉及学界理论研究方法的不断更新，这里还不包括那些研究过程中要涉及的补语问题的相关研究成果，仅是分类说清楚这些相关研究成果就已经很不容易了，持续更新的研究成果又不断涌现，这也让笔者的研究工作一度陷入中断，无从下手的挫败感时时袭来，放弃的念头也屡屡占据上风。学术研究的过程也许就是这样，熬过那一段最难挨的近乎崩溃的时光，看着已经堆成山一样的动补结构及其相关问题研究文献资料成果，还是要静下来解决这个让自己苦恼的问题，那就还是选择勇敢面对它吧。

二、结果范畴理论内涵的相关认识

（一）传统语法研究对于结果范畴的理论认识

1. 结果补语

以往学界对于结果范畴的解释是比较模糊的，在语法研究中更普遍使用的一个术语是结果补语。在黄伯荣、廖序东主编的《现代汉语（增订六版）》下册教材[①]中，对于结果补语的相关研究，主要是放在补语这个句法成分的语义类型中来分析，将补语其中一类称为"结果补语"，这类句法成分主要表示动作、行为导致的结果。例如"他放跑了罪犯"，是因"放"而"跑"了。从句法形式上看，结果补语常用的是形容词，少数用动词和动词短语，并且结果补语前头不用助词"得"。例如：

（1）小草丛中，吊钟花挂<满>了一排排紫色的铃铛。

---

① 黄伯荣, 廖序东. 现代汉语（增订六版）（下册）[M]. 北京: 高等教育出版社, 2017: 72-73.

（2）这个字写<错>了。

（3）她被打<肿>了眼睛。

（4）一个月踢<坏>了三双鞋。

在这部现代汉语教材中对结果补语的研究路径实质上是从形式的角度首先归类，将其归入补语这个句法成分类型，然后在补语这个大类中再结合语义上的不同所做的分类研究，再将补语进一步分为结果补语、程度补语、趋向补语、可能补语、情态补语等具体的语义类型。而在同一部教材中对情态补语①的解释是：情态补语，表示由于动作、性状而呈现出来的情态。中心语和补语中间常用助词"得"。例如：

（1）那阵雨来得<猛>，去得<快>。

（2）秋天来了，小树林的叶子变得<殷红殷红>的。

（3）纳税人的钱花得<值不值得>？

（4）讲的人讲得<眉飞色舞>，听的人听得<津津有味>。

（5）他摔得<满身烂泥>。

教材中将情态补语的作用概括为两点：①有的用作描写，主要使用状态形容词或谓词性短语；②有的用作评价，只用性质形容词。

这里对于情态补语作用的概括其实也并没有明确区分出结果补语和情态补语语义上的差别到底在哪里，二者仅有的区别可能还在于句法形式特征上的差别，即情态补语的中心语和补语之间常用助词"得"；而结果补语是与动词直接连用。也就是说，教材更多是从形式上区分结果补语和情态补语，可是二者在语义区分上，教材并没有说清楚情态补语和结果补语在语义类型上的根本区别。也就是说，从教材解释上看，结果补语主要是表示动作、行为导致的结果；而情态补语主要用于描写或评价，那么，结果补语成分可不可以用于描写或评价？情态补语有没有表示动作、行为导致的结果的意义？这些问题我们都还需要深入思考才能回答。

---

① 黄伯荣，廖序东. 现代汉语 (增订六版) (下册) [M]. 北京: 高等教育出版社, 2017: 73-74.

2. 结果宾语

以往汉语学界对于结果范畴的认知，还有一个较为熟悉的语法研究术语就是结果宾语。对于结果宾语[①]的解释，主要也是在宾语成分的语义类型分类中，将宾语从语义角度分为三类：施事宾语、受事宾语和中性宾语。结果宾语是中性宾语中的一个小类。比如：盖房子、挖坑（盖成房子），这几个动宾短语里面动词后面的名词成分就是所谓的结果宾语。

以上都是在这部当前使用比较广泛的现代汉语教材中对结果补语、结果宾语所作出的相关解释，教材中对于补语、宾语成分的研究分析路径都是先从句法功能上进行归类，再从语义上将其进一步划分小类，这种研究路径最后归类总结出来的结果补语和结果宾语的句法语义类型，虽然都冠以"结果"的称呼，但是看不出二者之间有何实质上的联系。也就是说，结果宾语里的"结果"与结果补语里的"结果"，虽然都是语义上的再分类，但是看不出有任何联系，教材也没有任何进一步的解释。但是在教材所举关于结果宾语的示例中，我们可以看到有两个例子，"盖房子"和"盖成房子"，在教材里举了这样两个相近的例子，但是仍未明确两个例子区别何在。从形式上看，两个例子的区别在于后一个例子使用了动词+补语（虚化义动词"成"）+结果宾语这个句法结构形式。也就是说，在有结果宾语出现的句法结构中，动词后可以有虚化义补语出现，而这个具有虚化义的动词具有"完成"义，那么我们在现实交际过程中，在句法组合时，什么时候使用这个虚化义动词"成"，也就是说，它是必须出现的，或者它也可以不出现，直接使用"盖房子"就可以，用不用"成"的条件是什么？这些语法结构组合形式上体现的细节之处都是值得引起我们进一步思考的地方。

（二）当代事件语义学视角对结果范畴研究认知的深入

随着当代认知科学尤其是认知心理学、认知语言学以及事件语义学的理论演进，为我们重新认识结果范畴提供了一些理论启发，可以对以往结

---

① 黄伯荣，廖序东. 现代汉语（增订六版）（下册）[M].北京: 高等教育出版社, 2017: 65.

果补语、结果宾语以及与动补结构相关的句法语义关系范畴研究提供一个较为统一的理论阐释框架。

　　上述分析可见，以往学界对结果补语、结果宾语及其相关问题研究多是从传统的句法语义关系的研究范式分析入手，但是未能说清楚结果补语、结果宾语这两类句法成分之间有何意义上的联系。从人类借助语言认知现实世界的人、事物及其之间诸多复杂关系的角度来看，现实世界其实并没有与"结果"能直接相对应的事物，也就是说，所谓"结果"并不是我们现实世界中实际存在的事物，而是体现在人们对于具体动作事件变化过程状态的认知抽象概括过程之中。所谓事件的"结果"涉及的就是人们对于不同动作变化事件终止点的认识，其实指的就是在现实的某类具体动作事件中，原来以某种状态存在的人或事物经由某种动作行为最终发生了某种新的状态变化，这种新的状态变化可以是一种新出现的没有预料到的情况，也可以是事件发生之前人们原有计划的完成，总之都可以用来标志该动作事件过程的结束，切割我们对连续事件的认识。而对这种动态变化的抽象化认识用语言符号表征出来，就是该动作变化事件语义结构中的结果要素。也就是说，结果范畴其实依存于该类事件的整体事件语义结构，体现了人们对事件状态变化属性的一种认知信息再加工过程。人们对于事件内部构成要素概念化的语言符号表达，表明人们对于整个事件类型内部构成要素的离散分析和概念的凝固化——符号编码表征，目的是整个事件结构过程及其相关语义特征可以在大脑的长时记忆网络系统中进行记忆储存，在现实言语交际过程的短时记忆加工中，长时记忆系统中的事件整体语义结构、相关构成要素及其符号编码形式根据意图需要被提取后再加工重组使用，交际主体说出创造性话语序列。

　　比如，以我们都熟悉的处置事件为例，一个典型的处置事件语义结构必然包含一个结果要素，事件的整体事件语义指的是说话者认为某个人或某种事物新的动态变化的结果是由某个实施者的具体动作行为导致的。因此，在现代汉语句法实际使用中，常使用"把"字句或"被"字句这两种特殊的句法格式类型，其实就是有意将说话者主观认定的观察视角及其该事件的结果状态明示出来，通过"把""被"这种语法化标记得以凸显"受动者"或"施动者"以及该处置事件最终导致的结果状态。在言语交际过程中，当说话者不有意强调自我认定的"致使者"或"受动者"时，说话者的这种主观认定视角往往采取一种更为内隐的表述策略，也就是说话者一般会采用"动结式"的话语序列形式，主要目的是凸显该动作行为及其最终导致的结果变化状态。因此，在处置事件语义结构中，结果要素的存在就可以与表示具体动作的动词一起帮助交际者有效激活处置事件的整个动作行为的完整过程。而在现实的言语交际过程中，当说话者有意要凸显处置事件的施动者、受动者或者处置结果等某个构成要素时，句法使用的"焦点"策略就会优先得到采用。但是无论采取哪一种句法使用策略，在一个完整的处置事件语义结构中，结果要素都必然存在。另外，比如我们日常经历过的制作事件、损毁事件、竞赛事件等的具体事件语义类型虽然不同，但该类事件语义结构内部也都同样必须要包含有结果要素成分。

据此，我们可以将上述不同事件语义类型中的结果要素成分统一在一起讨论，将其作为构成不同类型结果事件的结果范畴内部成员。这样，我们将结果范畴首先看作是一种事件语义结构的构成要素，由于结果要素的存在，就起到了构成与分化不同结果事件类型的作用。当结果范畴在句法实际使用中以话语序列形式出现时，也就与我们熟悉的结果补语、结果宾语等句法成分有了关系。

第二节　结果范畴研究的问题根源、解决路径及意义

一、结果范畴研究存在的主要问题

（一）结果范畴与动补结构等句法结构问题的研究各自孤立

当前学界对于结果范畴的研究主要集中表现在两个方面：一是将结果

范畴纳入因果关系复句相关研究框架之中，将其看作一种因果关系表达，放在无标记的因果关系句法形式中去进行规律总结；另外一个研究视角体现在单句层面上的理论探讨，主要是将结果范畴放在结果补语或结果宾语及其相关问题中分别展开研究。

我们主要关注学界在单句层面对结果范畴在句法语义结构上的相关研究。一方面，以往学界主要是将结果范畴作为句法深层语义结构中的结果语义格和句法表层结构的结果宾语来认识的。由于受格语法中"使成格"界定的影响，将结果范畴看作是与施事、动作、受事、工具等语义格成分并列的一种结果语义格，在表层语法形式上体现为名词性成分，典型的句法分布环境是处于宾语的句法位置上。另外，结果范畴还可以出现在主语或者介词宾语的位置上，但是在深层语义框架上，结果语义格都指的是受动作行为影响形成的客体或者有生物。随着汉语学界对于句法结构深层语义关系研究的重视，在动宾结构研究中，汉语学界关于结果宾语的研究成果较多，由于结果宾语和深层结果格在语义上的联系更为紧密，所以对于结果范畴的研究就逐渐与结果宾语研究产生了合流现象。

另一方面，对于结果范畴的研究还体现在学界对于结果补语的研究成果上，将结果范畴看作是动补结构中由动作行为导致的结果性句法语义成分，或者将其与前一动作动词整体看作是一个复合动词或者动结式复合词来认识。长期以来，动补结构及其相关问题一直是语法学界关注的主要内容之一，研究成果也非常丰富，深入研究动补结构可以对汉语语法的个性特征有更多规律性认识。以往学界对动补结构的研究多从句法结构形式和句法关系意义角度展开，虽然成果较为丰富，但是学界对于其中结果动词、结果补语、结果体以及结果宾语和结果范畴等问题之间关系的认识和解释说明上都比较模糊，并且上述研究一直都是各自处于孤立的研究状态，看不到彼此之间有何关联。

因此，尽管有学者在研究中发现，在实际的句法使用层面，在句法表层形式上，当结果宾语出现时，往往要与不同的结果补语成分（虚化义的动词）连用，也就是说，结果宾语往往会出现在不同的动补结构中，但是在相关研究中却没有将结果宾语和结果补语二者的研究成果纳入一个统一的理论阐释框架下来分析。这种语法观念的形成一方面是与汉语传统句法研究的中心词分析法的影响是分不开的，补语是相对于句子主干成分的枝叶成分、附属成分，因此尽管补语的构成成分复杂多样，补语的语义类型非常丰富，但都是基于对动作行为作为参照点进行的附属性的句法语义成分的研究；另一方面，由于学界还缺少从事件语义结构整体分析视角来重新审视动补结构的相关认识成果。因此，囿于动补结构中的结果成分只是动词所代表的动作行为的结果这样一种语法关系意义的认知局限，在学界以往对于结果范畴的相关研究中一直就没有对结果补语的作用给予充分重视。由于目前我们还缺乏将二者整合在统一的事件理论框架下做出的解释，所以才导致学界对于结果范畴与动补结构等相关问题在研究中说明阐释不清，并使各自研究领域成果长期处于孤立分离状态。

（二）结果范畴是语义范畴还是语法范畴阐释不清

由于学界对于结果范畴与动补结构研究过程中的结果补语、结果宾语等关系问题上界定不清，缺乏基于事件语义整体构成要素视角来对结果范畴的语义功能进行界定，因此导致在以往结果范畴的研究过程中采取了两种研究视角，一种研究视角是将结果范畴看作一种句法语义关系范畴，这种研究视角下的结果范畴研究最终与结果宾语的研究产生合流现象；另一种研究视角是将结果范畴看作一种语法范畴，主要关注的是结果动词、结果体和结果补语等语法语义成分相关内容。

一直以来，学界对于结果范畴的研究主要是在句法语义关系层面进行理论探讨，将结果范畴放在动宾结构和动补结构两个句法结构层面展开研究，导致这两个句法层面相关研究成果虽然丰富，但是理论认识分歧颇多。由于长期孤立分离研究，对于结果范畴仍然停滞在"结果语义格"的句法语义观，动补结构相关研究成果也一直未能在结果范畴视域内有效展开，尤其缺少基于事件作为理论分析框架的相关研究成果，导致当前结果范畴的研究走向瓶颈。因此，学界对于结果范畴到底是语义范畴还是语法范畴的争论持续至今，仍无定论。

二、问题根源和解决思路

我们认为，造成当前结果范畴研究中存在上述诸种问题的主要原因，究其实质，在于当前语法研究中我们一直遵循着从句法形式特征归类研究开始，然后在句法结构分析框架内再深入到成分之间的语义关系分析研究路径，也就是句法–语义分析的语法研究操作思路。这一研究分析路径最主要的问题在于句法分析时先从寻找形式特征出发，用形式规律来制约语义研究，那些在形式上缺乏共性特点的句法现象往往就很难在语义上归为一类来进行讨论，这种研究路径由于缺乏整体观的理论视域，因此就容易掩盖了表层句法形式特点虽然不同但是在深层语义上有关联的一些语言现象。由于以往学界在结果范畴的研究思路上多单纯着眼于句法语义关系层面的理论探讨，所以对结果范畴的事件语义特征、事件功能、句法呈现方式的内在制约机制阐释不清，没有区分结果范畴作为事件内部构成要素和事件使用两个不同维度，也没有说明动补结构中的结果补语或结果宾语等实际上是结果范畴在句法表层上的不同表现方式，导致当前研究出现诸多理论困惑。

为解决当前结果范畴研究中存在的这些主要问题，我们从溯因推理的研究方法中得到启发，借鉴了当代认知语言学的原型范畴观和事件分析模式等相关理论认识成果，将动补结构中的结果补语或结果宾语看作是结果语义要素在话语使用层面上的不同组合形式。研究认为，一方面，在表征状态变化结果事件时，多使用结果补语的句法组合形式；另一方面，在表征为新事物的出现或完成的结果事件时，多利用结果体动词与结果宾语组合的句法组合形式。这样，我们就将以往分处于不同句法结构层面的结果补语和结果宾语的相关研究，统一在表征不同结果事件语义结构的分析模式之中。

三、结果范畴研究的理论意义和现实意义

从结果范畴研究的理论意义上看，我们对于结果范畴研究首先基于事件语义结构类型角度的分析，给当前语义范畴研究提供了一种新的理论分析思路和操作程序。

一方面，我们将结果范畴和动补结构研究结合起来，有利于建立一种新型的结果范畴认识观念，深化我们对于结果范畴的理论认识。一直以来，动补结构和结果范畴各自处于孤立的研究视角，长期孤立研究导致了汉语学界对结果范畴的讨论一直无法深入下去，形成的是一种基于单一语义格认识视角的静态结果范畴观。因此，将动补结构与结果范畴研究联系起来，认识其句法、语义和语用功能，有利于深化我们对动补结构中补语语义类别与结果范畴之间关系的认识，便于我们继续开展对于结果范畴的相关研究，从而建立一种新型动态的认知结果范畴观。

另一方面，我们不再单纯着眼于传统句法语义层面的分析思路，而是将结果范畴放在事件语义结构和事件语义要素的句法使用两个层面，基于这两个维度分析结果范畴的事件语义特征、话语系列使用特征及其语用功能。第一个维度立足于结果范畴作为事件语义结构的构成要素视角，在"达成"和"完成"事件结构中分析结果范畴的事件语义特征及其认知概念化的符号表征形式特征。这一分析维度是对结果范畴在大脑长时记忆系统中语言符号系统价值层面的理论探讨；第二个维度基于说话者交际意图实现视角，结果范畴语义要素进入具体的言语交际使用层面，由于说话者交际意图不同，结果范畴语义要素在话语系列的呈现形式上存在差异性特征，对于结果范畴具体话语使用层面的句法规则作出形式化描写。这一分析维度是对结果范畴在语言使用价值层面的理论探讨。综上，基于事件语义构成和事件语义要素使用的两个认识维度开展结果范畴研究，一方面可以重新审视以往学界相关研究成果的理论价值，另一方面也有助于厘清以往学界对于结果范畴在两个维度理论阐释模糊的问题实质，从而推进今后

结果范畴及其相关问题研究越来越深入。

从结果范畴研究的现实意义上看，首先，当前现代汉语教材中对于动补结构、结果宾语、结果补语等相关问题的解释说明比较模糊，不同教材的处理方式也各不相同，就是同一部教材也多是语焉不详，这些都不利于现代汉语相关教学内容的开展，我们将上述问题的解决拟从建立一个动态的认知结果范畴观理论视域出发，便于厘清表层不同语法现象之间内在的语义联系，这样既可以深化对结果补语和结果宾语作为不同结果事件语义构成要素的句法语义功能的认识，同时也便于教学讲授时处理上述相关内容。

其次，通过对汉语辞书语料使用情况的调查统计，发现当前汉语辞书包括语言学习词典、语义词典等普遍采用语义角色（语义格）作为句子深层语义结构的标注模式，对于其中结果成分笼统以结果宾语或结果补语标注概括，目前还缺乏区分事件语义构成要素和事件要素句法使用两个层面的理论认识。因此，基于两个认识维度的理论分析，可以区分出结果范畴事件语义特征及其使用中的临时附加语义特征，也可以区分出结果范畴符号表征特征及其进入现实交际层面话语使用的呈现方式上具有的多样化表现特征，并将其句法使用规则作出形式化条件描写表述。这些研究成果有助于汉语辞书基于事件整体观对结果范畴进行事件语义特征标注和句法使用条件说明。

另外，当前计算语言学界正处于语义研究成为热点关注和难点突破的发展阶段，尤其是将事件作为一种大粒度知识表示单元开展研究[1]，亟须对于事件本体、事件类型划分和信息抽取方式[2]、事件语义结构分析模式[3]以及词典释义方式变革等相关领域研究成果提供理论分析依据。所以，我们在研究中对于结果范畴基于事件构成和事件使用视角的研究，对其句法使用条件及其句法规则形式化的研究成果对我国计算语言学界当前事件语

① 刘茂福, 胡慧君. 基于认知与计算的事件语义学研究 [M]. 北京: 科学出版社, 2013: 3.
② 陈亚东, 洪宇, 王潇斌, 等. 利用框架语义知识优化事件抽取 [J]. 中文信息学报, 2017, 31 (2): 117.
③ 徐雷, 潘珺. 事件表示方式及其语义表示模型研究 [J]. 情报杂志, 2019, 38 (6): 6-7.

义研究具有理论指导意义，也可以为中文概念词典、语义词典等的研制工作提供相关理论参考。因此，课题研究成果可以为汉语辞书理论研究和应用实践工作提供相应理论支持，而且也必将有助于人机翻译、电子辞书等基于语言服务视角的应用成果积累。

第三节　研究方法、语料来源和使用说明

一、主要研究方法

在具体研究过程中，我们首先运用了溯因法，同时在研究方法上也注重综合与分析、历时与共时、定性与定量分析相结合的具体研究方法。这里我们主要对溯因法作出说明。

溯因法又称为溯因推理，是由符号学家查尔斯·S·皮尔士（Charles Sanders Peirce）在批判继承亚里士多德传统三段论基础上提出的一种有别于演绎法和归纳法的逻辑推理形式。溯因法是"对已经观察到的或已知的结果提出假设，再由结果向原因推导。由果溯因，并在众多的可溯之因中寻求最佳解释的推理过程"[①]。现代语言学是以解释性取向为主要的研究方法，解释性取向的研究方法是基于语言在其出现和发展变化过程中所形成的现象是有理据的这一出发点，虽然这一现象不一定能够预测，但是我们可以通过反溯法对该现象的成因作出理论解释。溯因法就是将被研究的现象作为"果"，通过提出一个假设作为"因"，以此对研究的现象的成因和形成机制作出解释。在语言学解释性的研究中，同一种现象会有多种成因，而同一种成因也会产生不同的结果，所以说，溯因法是一种或然性的推理方法，其解释通常是有条件的，不是唯一的。

基于上述对于溯因法的认识，在对结果范畴开展的具体研究过程中，

---

① 韩晓方. 溯因法与语言认知: 以语言理论的建构为例 [J]. 外语学刊, 2009（2）: 92.

我们首先是在梳理以往学界对于结果范畴认识成果的基础上，借鉴认知语义学的原型范畴思想，提出构建动态的认知结果范畴观的理论假设，将动补结果研究过程中主要探讨的结果动词、结果体、结果补语、结果宾语等与结果范畴有关的认识成果统一纳入动态的认知结果范畴观的理论视域，从而建立起一种新型的结果范畴认识观念；其次，在分析论证过程中，为了能够有效说明结果范畴内部典型成员及其相互关系和范畴内部成员的功能，引进了事件及其层级建构的理论分析视角，综合了事件研究中的语义学分析模式和事件框架认知分析模式的理论优势，这样就将以往学界在研究中分属于两个句法结构层面的结果范畴研究，统一在"达成"事件和"完成"事件两类结果事件语义结构的分析模式之中；最后，通过语料考察，对于结果范畴在事件语义构成中形成的基本事件结构义和作为结构要素实现的事件功能进行了总结说明，研究表明，我们提出的认知结果范畴观的理论假设能够为结果范畴内部成员及其相互关系提供一定解释力，对结果范畴的深入研究，也为今后开展动补结构及其相关问题的继续研究提供了一个新的理论分析视角。

二、语料来源及使用说明

（一）语料来源

本研究主要用到的语料来源包括如下材料。

1. 孟琮等编著的《动词用法词典》所收录的动结式和动趋式用例。

2. 王砚农等编著的《汉语动词—结果补语搭配词典》中收集的322个常用为结果补语使用的形容词、动词以及少量词组的用例，作为黏合式动补结构分析的用例。

3.《小说选刊》《人民文学》以及电视访谈节目精选、影视文学作品剧本中收集的情态补语等用例作为组合式动补结构分析的用例。

4. 中国社会科学院语言研究所词典编辑室编辑的《现代汉语词典》（第7版）中收录的动补式复合词。

5. 《古代汉语常用字字典》编写组编辑的《古代汉语常用字字典》（1998年版）中部分动词的用例分析。

6. 商务印书馆辞书研究中心编辑的《古今汉语词典》。

7. 由中日合作MMT汉语生成组编著，林杏光、王玲玲、孙德金主编的《现代汉语动词大词典》。

（二）语料使用说明

首先，在事件语义框架分析过程中，主要应用了词典中的例句进行了分析，对王砚农等学者编著的《汉语动词—结果补语搭配词典》中收集的常用为结果补语使用的形容词、动词以及少量词组的用例，作为黏合式动补结构用例进行了结果补语句法使用特征分析；另外，在新事物出现的事件分析中，对由林杏光、王玲玲、孙德金主编的《现代汉语动词大词典》中涉及的结果格在句法使用层面进行了研究；具体的统计结果参见文后附录2和附录3。

其次，对于古汉语动词结果语义的概念化方式，我们以《古汉语常用字字典》和《古今汉语词典》提供的资料作为参考；对于涉及动词和形容词的词类划分时，我们主要以《现代汉语词典》的词类划分为依据；涉及动词的一词多义的现象，我们主要利用《动词用法词典》进行同一动词不同义项的合并与分立。具体的统计结果可参见文后附录1和附录4。

另外，基于语言的实际使用情况，对于小说、访谈节目以及文学作品中的组合式动补结构的用例情况进行了收集整理，便于在文中与词典统计的情况进行对比分析，具体的语料用例统计结果参见文后附录6。

第二章 结果范畴及相关问题研究综述

第一节 国外学界结果范畴相关研究

当前国外学界对于结果范畴的相关研究成果中，美国、日本和俄罗斯汉语研究学界的理论认识成果较为丰富，也最具代表性。美国学者注重宏观整体视角的阐释说明，研究中颇多理论创新之处；日本学者多为实际汉语教学提供理论参考之目的，侧重从语法形式特点出发，注重揭示语言类型差异，尤其擅长微观研究；俄罗斯汉语研究学界以雅洪托夫关于汉语结果动词的早期研究成果最具代表性，研究中注重比较俄汉两种语言在构成形式特征上的差异。

一、美国学界结果范畴理论研究

美国学界对于结果范畴的相关研究肇始于20世纪60年代，以赵元任（1968）为代表，从动补结构形式特征描写入手，对于动补复合词分析了其音节形式特征、构成成分的可扩展性以及补语后使用"了"的情况，并列出了常用的补语成分表。其后，在20世纪八九十年代，以李讷、邓守信、戴浩一、谢信一等学者为代表，结合认知、交际功能理论阐释，力图揭示制约动补结构句法表层的深层认知形成机制。李讷、Sandra A.Thompson和 R.McMillan Thompson（1982）首先探究了汉语助词"了"作为已然体的话语理据，认为"了"的基本交际功能是表示一种"当前相关状态"，能将某种时态跟"当前"时间相联系；邓守信（1985）是在借鉴Vendler（1967）对动词类型划分基础上，从汉语动词时间结构角度分析了四种不同语境在汉语语法上的表现方式，以此确定汉语中谓语本身所含的时间结构特点，认为其中的完结句主要用来说明"某种活动达到了一个结果"，具有"了结"义；达成句主要在于说明"一个状态的发生或转变，即变化过程，而这过程是瞬间的，不能持续的"，而这两类语境在句法表层都与动补结构的使用有关；戴浩一（1987）则是在借鉴认知语言学倡导的语言功能分析基础上，提出汉语动结式必须遵循时间顺序原则，进而通过比较汉语和英语动词模式的几种一般差别，认为目标的达成对有些英语动词构成模式来说是内含的，而在汉语里则采用动结式的复合词形式来表示，这是因为它们自身并不包含达到目标的意思；而谢信一（1991）以动词序列"走进来""走出去"为例，认为"汉语为了描写这种复杂动作创造了一个场景，它展现为不以真实时间而以想象时间来界定的几个阶段"，因此说汉语的人实际上创造了两种时间意象，即"真实时间"和"想象时间"。

综上，美国汉语学者对于结果范畴的相关研究，主要以共时描写研究成果为主，早期注重描写动补结构的形式特征，其后以戴浩一、谢信一等学者研究成果为代表，力图揭示制约汉语动补结构句法表层结构的深层认知形成机制问题，注重理论阐释，但仍未能摆脱从语言结构形式特点出发开展研究的路径。

二、日本学界结果范畴相关研究

日本汉语研究学者对于结果范畴的研究成果更为丰富细致，早期以太田辰夫（1958）和志村良治（1965）为代表，主要从使成式复合动词的构成角度进行相关研究，指出汉语动补结构在句法形式和意义上具有的特殊性：形式上有复合词的黏合性，语义上又有各自的独立性。进入20世纪八九十年代以后，以今井敬子、望月圭子、鹈殿伦次、杉村博文、木村英树、荒川清秀等为代表的日本现当代语言研究学者在借鉴转换生成语法和认知语言学等语言理论基础上，对汉语动补结构及其相关问题进行了持续深入研究，成果非常丰富。比如，木村英树（1983）发现表示"附着"义的"着"和"去掉"义的"了"作为词尾在语法功能上相类似，它们都位于时态词尾和结果补语之间，是一种过渡性成分，因此形成了"结果补语性词尾"这一语法范畴；荒川清秀（1986）从汉语词典注释中对于行为与结果关系处理的模糊认识出发，探讨动词意义所表示的阶段问题，也就是如何分割动作过程的问题。认为把动词词汇意义的两个阶段称为隐性阶段和显性阶段比称为变化阶段和静态阶段更能体现出它的普遍性来。望月圭子（1990）则是运用生成语法理论分析汉语动补结构复合动词的形成过程，认为动补动词是经由"中心词移动"也就是"动词提升"的过程，以句法构词的方式形成的。此外，由此形成的动补动词句的宾语不负有双重的"题元作用"，其结果不但不违反"题元标准"，且于"格位指派"上亦无任何问题；中川裕三（1995）则探讨了汉语句式与动作结果含义之间的关系，强调动作对象数量的形式对句式结果含义产生影响。而从21世纪初开始，特别是最近20年来，日本学界对汉语结果范畴的研究更为注重语言类型比较，并从认知功能视角作出理论阐释。比如，王占华（2004）对比汉日语动词结果蕴含情况，将一般所说的结果补语分为达成性结果和累积性结果两类；刘勋宁（2006）认为，"得"后补语存在较大争议的关键在于对"得"的语法功能认识不足，将其看作一个自指标记，其后成分则是对其的陈述；张黎（2003，2008，2009）基于认知类型学视角描写汉语"动作—结果"语义内涵及其句法呈现方式，指出"了"的结果性含义及其核心意义为"界变"，认为与英语和日语不同，汉语是把动作的完结、动作状态间的转换、动作结果的呈现作为一个只是具有抽象度不同的统一体来认知的，并从名物性结果与动作性结果角度对结果范畴进行了广义分类，这一系列研究成果代表了日本学界当前结果范畴研究的主要理论成就。

综上，日本学者在继承早期汉语研究学者对于使成式复合动词形成等动补结构的历时研究的基础上，对汉语动补结构在共时研究方面所作的深入探讨，从结果补语性词尾、补语性成分出现的相关句式等方面来探讨不同动补结构在语法意义上存在的差异特点，研究中注意运用比较法进行分析归类，这些研究成果对汉民族自身往往习焉不察的语言表达习惯作出了规律总结和阐释说明，对于我国汉语学者研究同样具有极大的启发和借鉴作用。

三、俄罗斯学界结果范畴早期研究

在俄罗斯早期汉语研究学者中，雅洪托夫在其《汉语的动词范畴》（1958）一书中对汉语结果动词、补足语以及结果体的相关论述最具代表性。

雅洪托夫首先从复合动词构成角度为结果动词下了定义，并且进行了举例说明，尤其比较说明了结果动词在翻译成俄语时存在的不对称情况。他认为，结果动词是汉语复合动词中特殊的一类，这类复合动词由前后两部分构成，前一部分表示动作，后一部分表示结果，将这类表示结果的成分称为结果词素或者结动词。结果动词的这两个组成部分在语言里也可以作为独立的词（动词和形容词）而存在。这类动词在言语过程中可以随意组成，虽然结果动词的每一个组成部分都有着它的独立意义，但在译成俄语时，经常是把整个结果动词译成一个词，而不是两个词。汉语的结果动词，或者至少大部分结果动词正属于这类复合词。

其次，在关于补足语和结果体的认识上，雅洪托夫重点分析了汉语补足语在体的意义上呈现的特殊性。他认为，结果动词的第二部分（也就是结动词），根据它和第一部分的关系，可以看作是一类特殊的补足语，它的特殊性体现在它表示的是由于动作结果而产生的动作主体或客体所具有的特征。根据语法意义，结果动词和汉语其他动词（其他的简单动词和复合动词）的不同之处，就是结果动词不只表明动作本身，而且还表示完成这个动作的某一关键时刻——通常是这个动作达到某一结果的时刻；因此，可以认为结果动词在体的意义上和非结果动词不同。结果动词的体可以叫作结果体，汉语其他动词的体可以叫作普通体或者一般体。结果体是表示动作完成（通常是动作达到一定结果的关键时刻）的复合动词的体。结动词本身通常不是体的标志，但是把它接在动词上，则改变了动词的体。他认为，汉语某些结动词的独立意义已经减弱到足以使它接在动词上而实际上不给动词以任何新的词汇意义的程度，因此它们只是改变动词的体而不改变动词的意义，这样的结动词就是结果体的标志，比如"上"和"下"。

综上所述，以雅洪托夫为代表的苏联汉语研究学者对汉语的结果动词、补足语和结果体的研究较为细致和丰富，上述这些理论成果后来也广被相关研究学者重视、借鉴并加以推广利用。

第二节　国内学界结果范畴相关研究

对于结果范畴的相关理论研究，我国汉语学界一直是在动宾结构和动补结构两个句法层面各自独立展开的。一方面，动补结构层面的结果范畴研究从20世纪二三十年代的动词后附加语研究开始，将结果范畴看作一种语法关系范畴；另一方面，在20世纪八九十年代，由于当时汉语学界句法语义分析模式成为主流趋势，受当时"格语法"理论影响，在动宾结构层面将结果范畴看作一种语义关系范畴。虽然句法结构研究层面不同，但是在结果范畴相关研究中都关注到了其中主要动词与其连带结果成分之间具有深层的句法语义关系的问题。

一、动补结构层面的结果范畴研究

在动补结构层面的结果范畴研究主要集中在对结果补语分析上，不同于动宾结构层面将结果范畴看作一种语义关系范畴，这里是将结果范畴看作一种语法范畴。从动补结构构成成分的关系和意义出发，首先关注了动词附加语和结果体等问题，随着理论认识深化，对于动结式中语义虚化补语进行了系统研究，提出了"唯补词""虚化完结成分"等看法；尤其在最近10年汉语学界相关研究中，又先后提出了"终结性"语法范畴、结果性成分、"完结"语义范畴等不同理论见解。但是，当前从事件语义构成要素分析视角来重新审视以往结果范畴的相关认识成果不多，而且囿于传统句法-语义分析模式理论局限，学界一直没有明确厘清结果范畴与结果语义格、结果补语、结果宾语等句法语义成分之间的关系。

1. 附加语

（1）副词附加语。黎锦熙（1924）首先提到"副词性附加语"的作用主要是修饰并辅助动象的叙述与表明的，因为动象比实体更加繁复和微妙，所以对于动象若要有深刻充分的述说，文法上就要依赖这种"副词附加语"能够如实地、尽量地去修饰它、辅助它。这种副词性附加语在句法组织上可以分为两类，一类是前附的，可以表示动作的范围（时与地）、原因、方法、互敬互形态等；一类是后附的，表示动作的归著、程度、效果或目的等。这里表示后附的"副词性附加语"主要指的就是动补结构中的补语成分。

（2）动词后附加语。学者吕叔湘、朱德熙（1952）在《语法修辞讲话》中将动补结构中的补语部分看作动词的后附加语，并且在句法组合形式上进行了归类分析。根据是否有"得"字进行形式连接将其分为两类。从意义上看，凡是动词后面的附加语都表示动作结果的意思，用"得"字连接句法组合形式表示动作结果义尤其明显。

2. 结果体

高名凯（1948）是国内学界较早对结果体进行理论探讨的学者，所谓结果体就是表示动作或过程有了结果。比如，"寻找"是没有得到结果的动作，而"找着"就是有结果的动作。汉语中表示结果体的语法成分很多，口语中常用"着""住""得""到""中"等，古文中常用"得"。因为有结果的动作或过程往往是已经完成了的动作或过程，所以结果体常常是和完成体合用的；也就是说，在"着"后常常还用"了"字。

3. 唯补词、虚化完结成分

刘丹青（1994）是汉语学界较早把动结式中意义虚化的补语成分进行分类研究的学者之一，将其独立出来并命名为"唯补词"，用来表示"结果"或"可能"范畴义，认为是结果补语或者可能补语的句法位置赋予了这种范畴义，虽然它们在语义上较为空泛，但是能将句子的焦点转向"结果"和"可能"，因此这类成分具有重要的语用功能。并且"唯补词"是由谓词语义虚化而来，所以处于由实到虚的复杂演进过程中，虚化彻底的就可以作为体助词使用，大多数"唯补词"目前还都处于虚实模糊的中间地带。另外，董秀芳（2002，2007，2017）从黏合式动补结构词汇化角度对"唯补词"开展了系列研究，得出的成果最具代表性，并将其重新界定为动词后的"虚化完结成分"，指出这类成分形式上具有介于词汇性与语法性之间的语言特征，在使用上体现了汉语重视表达结果状态的句法特点。

4. "终结性"语法范畴

林巧莉、韩景泉（2009）提出了标记事件在时间上有界与无界的"终结性"的语法范畴，他们从跨语言类型比较视角探讨了自然语言表达终结性的基本语法手段，以及制约这些语法手段使用的普遍原则。他们在分析研究中指出，有些语言，如英语，由于不具有表达事件是否完成的显性语法标记，所以"终结性"是作为一个隐性的语法范畴而存在的；但在汉语、俄语以及波兰语等语言中都可以找到表达事件终结性的语法标记，所以在这些语言中"终结性"是作为一个显性的语法范畴而存在的。

5. 结果性成分

全国斌（2011）首先是将动补结构类型与动作行为的事件、活动的分析结合起来，认为"动补黏合式结构是事件结构或事件的类，受有界完句成分制约也可以表示事件"，统称为结果次范畴类别表达形式，具体又分为狭义的行为结果次范畴类别表达形式和行为方向次范畴类别形式；其后，曹道根（2014）则是详细提出了"结果性成分"的理论观点，将其看作是汉语小句中用以说明谓语动词所述事件界限或终结点的成分。认为结果性成分和及物动词宾语成分都具有"常规焦点"的属性，而动词后存在两个常规焦点成分必然会对词序造成影响。因此，他在分析中指出，汉语解决这些问题的方案是在小句中存在"信息重组机制"，所谓信息重组指的是"受相关条件限制、小句成分通过结构分析或句法操作而实现的信息地位上的调整"，通过这种信息重组机制的制约作用，如果句末的宾语成分是话语预设成分时，结果性成分最终实现为常规焦点；如果结果性成分同时又是轻读成分，谓语动词最终实现为常规焦点。

6. "完结"语义范畴

不同于上述将结果范畴看作语法范畴的分析研究，玄玥（2011，2017）则是提出了动词"完结"语义范畴的看法，认为学界以往对于"VR"的句法分析缺乏语言共性特征，她指出了"R"表示动词的完结特征，因此需要重新回归"R"的语义功能，通过分析其在动词体貌系统中的地位，明确"完结"范畴的范围，形成"完结短语"理论假设，重申"完结"概念的性质意义，认为只有最靠近动词的谓词性成分，才是动词生成过程中最核心的"完结"意义表达形式，是动词的基本语义特征，这就是动词的"完结范畴"。

二、动宾结构层面的结果范畴研究

20世纪八九十年代，受到"格语法"理论影响，当时汉语学界普遍开始重视句法—语义的分析模式，最初主要说明动宾结构中结果宾语的语义、语法特征和结果宾语的分类问题。其中，朱文雄（1990）指出了结果宾语的典型语义特征是"述语动作后新产生的事物"；在语法特征上一般能插入趋向补语"出来"，而且"动词+结果宾语"可通过重叠同一动词带上受事宾语，转换成重动句形式；而李勉东（1991）是汉语学界较早提出应将"结果范畴"作为一种独立的语义范畴进行研究的学者，他将结果范畴四种典型句法结构研究后认为，虽然其句法位置可以发生变化，但是其核心的"结果"范畴义不变。另外，谭景春（1997）是将结果宾语按是否主观期待分为积极结果宾语和消极结果宾语，并将能带结果宾语的动词从语义上分为制作义、破损义，以及竞赛、考核义三类，今天看来，该研究最大的理论价值在于已经指出了可由结果宾语激活的三类典型事件。

在21世纪初期，主要集中在结果宾语与其连用动词的句法语义关系分类研究上。首先，陈昌来（2002）将结果宾语称为"成事"，重点探讨动词和成事之间必须出现的语义虚化成分的性质和功能，将其看作是动词与成事成分之间的一种语法标志；其次，刘天明（2003，2007）则是在继承李勉东（1991）提出的"结果范畴"研究基础上，立足"格语法"理论中"结果语义格"的分析模式，将结果范畴限定在由句法底层直接生成的结果宾语上，能作为结果范畴的也只是一部分结果宾语（主语），并以此为标准对能够充当结果范畴的成分进行次范畴的语义分类；当前，不同于以往学界对结果宾语的句法语义关系研究，孟艳华（2009）则是将结果宾语句与事件类型研究结合起来，依据不同事件类型，对结果宾语和动词连带的补语成分重新作出理论阐释，这是当前在结果范畴研究中比较有理论分析局限突破意识的研究成果。

由此可见，不同于动补结构层面将结果范畴看作一种语法范畴的研究，在动宾结构层面的结果范畴研究中，学界主要是将结果范畴看作一种句法语义关系范畴，从"结果范畴"提出到"结果宾语""成事""结果语义格"，以及近期研究中将结果宾语句与事件类型研究相结合，都为继续开展结果范畴作为事件语义构成要素的系统研究奠定了理论基础。

综上所述，我国汉语学界对于结果范畴研究取得的一些代表性成就、基本观点及其理论发展历程，首先，在动宾结构层面的结果范畴，主要是将其作为结果语义格和结果宾语来认识的；另外，在动补结构层面的结果范畴研究，主要是将其看作是动补结构中由动作行为导致的结果性句法成分，或者将其与前一动作动词整体看作是一个复合动词或者动结式结构成分来认识的。尤其在近期汉语学界对于结果范畴相关研究的发展趋向上，可以看到，分属于两个句法层面的结果范畴研究，都出现了与事件语义结构分析研究结合的发展趋向。

第三节　结果范畴研究的理论演进

一、结果范畴研究理论发展趋势

综上，通过梳理中外学界关于结果范畴研究的理论成就，比较其中共性和差异之处，有利于在总结相关理论认识成就的同时，认清当前结果范畴研究中尚存在的问题，明确今后的研究任务、需要突破的理论难点问题，从而推动结果范畴研究深化发展。

首先，从结果范畴研究的理论背景和研究路径上看，由于中外学界都曾深受不同时期语言学理论发展的影响，结构语言学、生成语言学以及认知语言学等理论分析视角都深刻影响了不同时期各国学者对于结果范畴及其相关问题研究理论背景的选择，体现在中外学界对于结果范畴的研究都普遍遵循了句法—语义的研究路径。尽管20世纪90年代之后各国学者纷纷注重结合认知、交际功能的理论阐释，但是传统语法分析中句法—语义分析模式的研究路径根深蒂固，基于句法语义的研究路径已经部分揭示了结果范畴的句法和语义特征，但是如果缺乏结果范畴作为事件语义构成要素来进行分析，我们将始终无法说清楚结果范畴的事件语义功能及其现实的话语表现方式。而句法语义分析模式下的结果范畴研究则是将这两个维度混合在一起，并未真正厘清，所以才导致长期以来学界纠结于结果范畴到底是语义范畴还是语法范畴，结果范畴与结果补语、结果宾语、结果体等句法成分之间关系解说不明，等等。对这些问题的解释都存在诸多理论困惑之处，因此在当前认知语言学界已逐渐开展事件语义研究的理论背景下，如何突破传统的句法-语义分析模式，明确结果范畴的理论内涵，厘清结果范畴作为事件语义构成要素和其在句法使用层面的话语实现方式的理论内涵区别，这些都是我们继续开展结果范畴研究的主要目的。

其次，从结果范畴研究的理论成就上看，以往学界对于结果范畴研究一直是处于各自孤立的动宾结构或动补结构句法语义关系研究层面上。一方面，在与结果范畴有关的结果宾语研究中，由于受格语法理论的影响，学界早期对于结果范畴的研究最终导致了结果范畴与结果宾语研究的合流趋向，结果范畴成了对动宾结构中名词性结果成分进行语义分类的研究，这也是导致在结果宾语层面进行结果范畴研究无法继续深入下去的主要原因。但是也正是在这一研究过程中，学者注意到了与结果宾语共现的语义虚化的补语成分，并进行了归类分析。由于不同的结果宾语类型往往与不同的虚化义补语成分连用，上述研究是将其看作与不同的结果宾语类型共同出现的附带成分进行归类总结。另一方面，在结果补语的研究中，学者同样关注到了这类语义虚化的补语成分，将其称为"完成补语"或者"唯补词"，注意到这类成分与结果宾语的关系更为密切。在继承以往学界研究成果的基础上，如何深化我们对于结果范畴的认识，是否能够为结果范畴提供一个更合理的解释框架，从而将分属于这两个句法结构层面的结果范畴研究整合到一个理论框架中去进行分析总结，这些都是促使我们应重新审视以往学界对于结果范畴的相关研究成果，提出构建一种动态认知结果范畴观理论认识的前提条件。

另外，从当前结果范畴研究尚存在的问题上看，中外学者在结果范畴的早期研究中就已经开始关注到"结果补语""结果动词""动词的结果体"等相关问题，尽管学界一直没有对"结果范畴"作出清晰界定，但是上述研究成果为继续开展结果范畴研究奠定了理论基础。而且在动补结构及其相关问题的研究过程中，结果动词、结果补语、结果体、使成式、动结式等问题都离不开对结果范畴的探讨，但是对于同样需要与动补结构共现的结果宾语等相关问题，相关研究成果只是局限在动宾结构中结果宾语成分的句法功能和语义关系层面的理论探讨，却极少与上述动补结构研究联系在一起进行解释说明。这说明由于当前学界一直没有将结果范畴看作是构成事件框架的一个语义关系要素，对于结果范畴的认知还明显缺乏基于事件视角建构一个统一的理论阐释框架，因此尽管学界对于动补结构的研究成果非常丰富，但是由于缺乏理论认识上的突破，导致当前结果范畴相关研究工作已经走向瓶颈期。

上述这些研究成果都说明，尽管选取的研究视角不同，但是学界概括总结出来的规律性认识是殊途同归的，虽然以往相关研究中对结果范畴还缺乏更深入的理论解释，但是这些研究成果无疑都在启发我们需要再深入思考。因此，基于上述认识，我们认为，无论是基于语法范畴或者是基于语义范畴层面开展的结果范畴的相关研究，尽管选择研究的视角不同，但是其研究成果都深化了我们对于结果范畴的认识，同时也促使我们对这一问题做出进一步的思考，随着当代语言学原型范畴观念的确立，这些研究成果也为我们将其统一纳入认知结果范畴观中继续开展研究阐释工作提供了理论认识基础。

因此，总结以往学界在结果范畴及其相关问题上的研究成果，也促使我们在继承前辈学者研究成果的基础上积极开展理论创新。在充分利用当代认知语言学、事件语义学等理论阐释观念的基础上，我们提出构建一种动态的认知结果范畴观的理论假设，这样可以将中外学界在上述两个不同句法层面各自孤立的结果范畴研究作为构成不同事件框架的语义要素成分进行统一的理论阐释，我们将另撰文具体分析。据此，通过梳理中外学界关于结果范畴的研究成就，一方面可以重新审视以往学界取得相关认识成果的理论价值与现实意义；另一方面也将有利于推动今后结果范畴研究走向深入。

二、认知结果范畴观的建立

通过梳理以往学界对于结果范畴的上述相关研究成果，我们认为，以往学界对于这两个句法结构层面的结果范畴研究是各自处于孤立研究视角的，那么在继承以往学界研究成果的基础上，如何深化我们关于结果范畴的认识，是否能够为结果范畴提供一个更合理的解释框架，从而将分属于这两个句法结构层面的结果范畴研究整合到一个理论框架中去进行分析总结，这些都是促使我们重新审视以往学界对于结果范畴的相关研究成果，提出构建一种动态认知结果范畴观理论认识的前提条件。

如果把范畴看作是一种类型、范围，那么范畴化就是指人们把不同事物归为同一个类型的分类过程，或者说就是将不同事物看作同一类事物的过程。范畴化的能力是人类具有的一种基本的认知能力，它可以使人们通过分类来理解世界上的事物和所发生的事件，并对它们作出预测。传统的经典范畴观认为，范畴是根据一组必要和充分条件来定义的，这些条件被认为是界限分明的、独立的特征，某一事物要么具有、要么不具有这些特征。而对经典范畴理论的挑战首先是来自哲学家维特根斯坦的见解——范畴中的各个成员之间未必具有共同特征。正是在维特根斯坦提出的"家族相似性"思考的启发下，人们开始突破传统经典范畴观念的束缚，重新认识范畴的本质，确立了现代认知范畴观念。

当前范畴理论中影响较大的是原型范畴理论和基本层次范畴理论。我们主要借鉴其中有关原型范畴的一些基本理论要点。将原型看作是该认知范畴中的典型成员，是与该范畴中的其他成员具有共同特征最多的典型实例、样本，因此在该范畴中就具有最大的家族相似性特征。也就是说，原型就是范畴中的最佳成员、凸显成员和中心典型成员。

上述理论内容是目前学界对于认知原型范畴理论概括的基本要点，我们在本文研究中，运用溯因法，首先借鉴认知语言学理论中的原型范畴思想，在综观以往学界关于结果范畴研究成果的基础上，提出构建动态的认识结果范畴观念。一方面，由于以往学界在结果范畴及其相关问题研究中已经奠定了初步的理论认识基础；另一方面，通过在研究过程中转变思维观念，从基于经典范畴模式的结果范畴研究观转变为构建认知结果范畴观的研究视角，这样有利于我们重新审视以往学界的相关研究成果，从而为解决诸如对结果范畴等理论阐释不清晰等相关问题提供了一个新的分析途径。

三、认知结果范畴观的理论内涵

（一）结果范畴是一种事件语义范畴

通过梳理学界关于结果范畴的相关研究成果，可以看到，以往结果范畴的研究过程中采取了两种研究视角，一个研究视角是将其看作是语义范畴，这个研究视角下的结果范畴研究最终与结果宾语的研究合流；另一个研究视角是将其看作语法范畴的研究，主要关注的是结果动词、结果体和结果补语等语法成分的相关内容。陆丙甫（1998）在探讨语法"三个平面"的关系时认为，语法形式是比较表层的现象，比较容易直接观察到，而功能则是其隐藏在深处的本质。所以，他把语法范畴看作是语义语用的中介平面，而语义语用构成了语法范畴研究的内容，这是从句法描写的操作角度来说的，首先观察句法表层的语法现象进行规律总结，方便研究操作；但他同时也谈到，从句法解释的过程角度来说，语义才是基础。

由于我们在本书的研究中重在从认知解释的功能视角出发，所以需要在研究中重新认识结果范畴的含义，如果只局限于把结果范畴看作对于结果宾语的研究，这样必将陷入学者李勉东（1991）指出的研究困境——结果范畴最后成为对名词性成分语义类型的划分研究，因此在本文研究中，我们首先将结果范畴看作一种语义范畴，主要是基于以下考虑。

首先，不同于以往对于结果范畴只着眼于句法语义关系的研究路径，我们引进事件语义框架的理论分析视角，考察结果范畴在其构成的整个事件框架中承担的事件语义功能及其语义特征。一个基本的动作行为变化事件语义框架中主要包含参与者、动作、工具、结果等基本的构成要素成分，所以从结果范畴承担的事件框架功能上看，结果范畴是事件语义框架中的一个构成要素，也就是充当其中的结果要素成分。

其次，从结果范畴的话语系列功能上看，在话语实现形式上，它一般放置在动词后，具有相对固定的句法分布位置和稳定的语序，表现为一种显性的话语形式系列；从话语形式的构成成分上看，主要是指由结果补语

（结果宾语）或者结果体助词等语法手段共同组织起来的动补（宾）的结构形式。

最后，从结果范畴话语系列实现的语用功能上看，在现实言语交际中，对于说话者交际意图的实现来说，结果范畴提供的信息内容一般是说话者提示听话者需要注意加工的焦点信息，是交际中"焦点"和"凸显"的主要内容，我们关注的是说话者如何通过话语形式表达策略来实现其凸显不同结果事件焦点信息的功能，这样的话，我们就可以将话语系列实现方式与语用功能的分析结合起来。

基于上述思考，我们认为，以往的语义范畴研究多着眼于句法语义关系概括性认识，我们这里提出将结果范畴看作是一种事件语义范畴，希望能突破以往只是将结果范畴看作句法语义关系范畴研究的理论认识局限，这样可以基于认知和交际的功能视角来对语义范畴进行分析研究，有助于拓展语义范畴的理论解释力。

（二）结果范畴是一种认知原型范畴

不同于以往学界对于结果范畴从语义范畴角度所作的静态句法语义关系的研究，我们首先是将结果范畴看作一种事件语义范畴来考察；其次，上文我们也曾谈及，随着维特根斯坦提出的"家族相似性"思想，人们开始对传统的经典范畴理论观念进行了反思，现代原型认知范畴观逐步建立起来，这也为我们确立动态的认知结果范畴观提供了理论依据，因此借鉴当代认知语言学的原型范畴思想，我们将结果范畴也看作是一种认知原型范畴，这种原型范畴观是一种动态的认知结果范畴观念。

由于引进了事件框架的分析视角，所以我们就将结果范畴的功能看作是指称了外在事件框架的结果要素成分，这样就打破了以往对于结果范畴只是将其看作是由名词性/谓词性成分充当的动作行为结果的语义限制，我们认为，这些由表层不同语法构成成分聚合在一起形成的结果范畴成员集合，在话语系列形式的结构表层通过显性语法手段指称了该事件框架中的结果要素成分，同样都受制于表示不同的动作变化事件这一整体的事件框架，只是各自实现的具体作用不同，也就是说，在语言表征事件的过程中，虽然作用各不相同，但都对于指称事件的结果要素成分有所贡献。据此，借鉴溯因推理的研究方法，在研究过程中，提出构建动态的认知结果范畴观如下。

认知结果范畴指的是围绕"达成"和"完成"两个原型动作变化事件语义框架建立起来的充当结果要素成分的集合。

其中，动补（宾）结构的话语实现方式是人类将动作和结果两个事件整合为一个单一复合事件的概念化语言表征形式。通过语言编码形式将事件的结果部分从整个动作过程的时空背景中离析出来，使事件的结果意象图式可以得到有效凸显，并作为连续事件之间的终结点，对事件起到划界作用。所以两类事件框架下的不同结果图式是围绕对不同的"事件时间"感知经验这一认知凸显度建构起来的，研究结果范畴离不开对于话语系列形式表层动补（宾）结构的分析，动补（宾）结构是我们认识结果范畴内部成员的两类典型的句法结构形式。

基于上述认识，对于结果范畴实现的两类典型话语系列实现方式——动补结构和动宾结构分析，可以看到：一方面，结果范畴在话语实现方式上与动补结构关系密切，动补结构语言编码形式表征了结果范畴的主要分布环境，其中主要由结果补语成分构成的结果范畴可以看作是"达成"事件框架下的结果补语表达式——结果补语构式，在话语呈现具体形式上，一是利用黏合式动补结构，由于其中有些结构成分内部的黏合性非常强也被称为复合动词；二是利用"得"字构成的组合式动补结构。另一方面，主要由结果宾语和连带结果补语成分一起构成的话语实现方式可以看作是"完成"事件框架下的结果宾语表达式——结果宾语构式。我们通过以往学界研究成果以及语料考察也发现，在这类结果宾语构式中，动词后宾语前出现语义虚化的补语性成分往往呈现高频使用状态，也就是说，动补结构仍然是该结果宾语构式中的显性话语实现方式，这里的宾语成分在语义上指的是新出现的具体或抽象的事物、想法或新形象、新身份等，在这类结果宾语表达式中，结果体助词或者语义虚化的结果补语成分是最容易连带出现的。

　　这样，围绕动态的认知结果范畴观的理论认识，可以将以往结果补语、结果体、结果宾语等相关问题的研究成果整合到表征为不同结果变化的事件框架下来进行阐释说明，有利于充分认识结果范畴内部成员在事件功能及其整体事件语义特征上的差异，并且通过认知原型范畴观考察分属于不同结果事件框架下结果范畴的典型范畴成员，形成关于现代汉语结果范畴内部成员之间的认知"连续统"观念。

第三章　结果范畴研究路径：事件语义视角

　　本章我们主要论述三方面内容。首先，对语言学界事件研究的理论视角及其分析模式进行了总结。当前学界对事件界定有广义和狭义的区别，狭义的事件一般指的是典型的动作变化事件，广义的事件既包括典型的动作变化事件，也包括动态的变化事件完成后形成的所谓状态事件。同时，我们对于当前学界在事件研究中的两种主要分析模式进行了说明，一是事件结构的语义分析模式，一是基于事件框架的认知分析模式。本书对于结果范畴事件的分析主要是吸收这两种分析模式的长处，体现在事件语义分析中关于体分析法的运用和基于事件框架的认知分析模式中关于"事件–构式"框架模型的分析。其次，对事件建构的层级过程模式和事件建构中的主要影响因素进行了说明，分析总结了结果范畴在事件界定和事件层级建构过程中的作用。对于事件建构过程中的主要影响因素进行了分析：一方面分析了参与者的认知影响因素，先对参与者复杂概念化能力和意象图式进行了概述，着重说明了意象图式在事件建构中的重要作用，然后，对于事件建构中主体的认知识解和认知协作能力进行了分析，认为在言语交际中，两者是紧密结合的；另一方面对于事件建构中语言符号的表征及规约、固化作用进行了概述。最后，对于事件层级建构过程的分析模式进行了总结，并在此基础上以"事件–构式"分析模型为基础，综合利用其他分析模式的理论优势，提出在"达成"事件框架和"完成"事件框架下认识结果范畴的事件语义功能和话语使用特征。

第一节 事件的界定及主要分析模式

一、关于事件的界定

关于"事件"的概念界定，目前还很难找到一个学界普遍统一认可的界定观点，我们选择了一些代表性学者关于"事件"在狭义和广义上的看法和主要理论观点。

在有关"事件"概念狭义的界定中，沈家煊（1995）主要着眼于人类"有界-无界"的认知对立，他把有内在终止点的有界动作称作"事件"，把没有内在终止点的无界动作称作"活动"。认为，只有动作在内在的自然终止点上有了一个实际的现实终止点，这样用来叙述一个独立完整事件的句子才是事件句，否则就是非事件句。国外学者Van&Hamm（2005）的看法也属于对"事件"的狭义界定。他们认为，所谓"事件"是在某种特定的时间和空间中被观察者感知到的具有起始点和终结点的动作、活动或变化。我们对一个"事件"的经验认识是在一个具有连续性的时间轴上能切割出一段具有"起始点"和"终止点"的动作变化过程，将其独立出来作为一个个体事件，两位学者尤其提到了其中"变化"在标记"时间边界"上具有重要作用，这种具有认知突显性的"变化"主要包括：动作的物理方向上发生的变化、动作行为的作用对象上发生的显著变化，或者重要的身体部位发生的变化等[①]。

上述学者观点多属于在狭义上对"事件"的界定，立足于考察事件发生的时间性、变化性特征，除此以外，对于"事件"在广义上进行界定及其相关研究的学者较多，研究的侧重点也各有不同。

杨成凯（2002）认为，一个事件可能就是世界中事物呈现出的一个事

---

① 孟艳华.事件建构与现代汉语结果宾语句研究［D］.北京：北京语言大学，2009：38.

态，包括宇宙中发生的一切动态变化和静态景象，而且一个事件需要持续一定的时间。所以，根据事件在不同阶段的持续时间，可以把一个事件从理论上概括为事前、事间、事后三个事态和三个事态的变化过程，共六种事态。这一观点也影响了税昌锡（2008，2011，2014）对于事件问题进行的持续研究，他认为，语言学界对"事件"的认识至今存在较大分歧，各种认识或多或少对动词和事件的过程特征有所忽视，导致一些跟事件过程相关的语言现象未能得到充分讨论，他基于英国哲学家阿尔弗雷德·诺尔司·怀特海（Alfred North Whitehead）在《过程与实在》中提出的动态哲学过程观——事件天然蕴含着时间，因此事件就是一个过程而不是一个静止的画面。据此，税昌锡对"事件"提出了新的理论界定，认为"事件"就是事物或实体随动词表示的动作或关系的变化而从一种事态变为另一种事态，再从另一事态变为又一事态直至该事物或实体发生本质改变的过程。该定义的突出之处在于强调了"事件"的过程性特征，而非仅仅是一个静止的画面，并在此基础上建立了事件过程的结构分析模式。将一个完整"事件"的过程结构概括为三个阶段（活动前阶段、活动阶段和遗留状态阶段）和六种事态（活动前、活动起始、活动持续、活动终结、遗留状态起始和遗留状态持续）。根据这一事件过程中事物状态所处阶段的结构分析模式，一些常见的与动词过程阶段特征相关的句法语义问题就可以得到部分合理阐释。

吕明臣等（2016）主要是关注"事件"的指称问题。认为"事件"泛指一切具体行为，事件的指称问题涉及的就是我们用语言如何来表现事件。可以将事件看作一个整体结构，内部由各种事件要素构成，只要指称能够表现这个整体即完成了语言对于该事件的指称，并非要将事件的所有构成要素一一在话语序列中得到呈现。因此，在现实言语交际中对于事件经常使用的是一种"不完全的指称方式"。也就是说，在日常言语交际中，我们总是通过指称该事件的某些要素成分来完成对于整个事件的指称，或者是通过指称连续发生事件中的某个次事件来指称这个连续事件，至于选择哪些事件要素则与"凸显"或"焦点"有关。

　　徐盛桓（2012）区分了"事件"和"用例事件"两者的不同，将"事件"看作是自然形态存在的现实事件，而"用例事件"则是特指说话者使用一个特定句子表达式所表示的那一事件。与此观点类似但研究更为细致的是崔希亮（2018）借鉴Ritter&Rosen（1998）的观点，将"事件"分为两类：一类是指真实世界里发生的具体事件；一类是指语言世界里折射的事件。他认为，语言世界虽然不能与真实世界等同起来，但是二者之间具有密切关系。我们是用真实世界里的人与外部环境的互动来解释语言世界里的事件的。事件本身是属于语言之外的客观世界的；语言是用来刻画和描写事件的，我们如何利用语言来刻画客观世界的事件跟我们的认知基础和知识系统有关；说话人和听话人，他们既是语言的运用者，也是事件的观察者和报道者，说话人的任务就是把他直接或间接观察到的客观世界里发生的事件传达给听话人。因此，在事件语义分析中，通常要考虑这样几个基本要素：事件的时间结构、事件的空间结构、事件的参与者和事件的报道者。前三个要素是事件的内部要素，最后一个是事件的外部要素。

　　刘艳茹（2016）基于以往学界对于"事件"的相关研究，对于事件句的建构过程、事件构成及其基本性质进行了总结，对于事件及其事件句的认识较为全面。她认为，一个事件句就是一个事件的"语言投射"，一段话语反映的是不同事件的变换转移。一个事件是以事件动词为核心、由事件参与者构成的完整结构。事件具有完整性、过程性、变化性和结构性这些基本语义特性。

　　综上所述，狭义的事件研究主要着眼于对事件时间结构的界定，也就是从人们日常感知经验上来看，一个事件是一个有明确时间"起始点"和"终止点"的动作变化过程，这一认知可以启发我们思考结果范畴在事件的时间结构上所起到的界定功能；事件的广义研究，包括学界对事件的构成要素、现实事件和语言事件、自然形态的事件和用例事件等多个方面的理论探讨，可以启发我们对于事件的认知除了着眼于事件的时间结构外，还可以从事件语义结构的构成要素、事件的层级建构过程以及最终形成的事件结构框架等多角度来分析结果范畴所承担的事件语义功能。这些研究视角着眼于事件的空间结构、事件的建构过程及其相关影响因素，这些都为结果范畴基于事件建构视角的相关研究提供了理论借鉴。

因此，综合上述事件在广义和狭义角度提供的分析思路，我们认为，对于认知结果范畴观来说，将其内部典型范畴成员放在事件及其语义建构过程形成的不同事件框架中去进行解释说明，有助于认识范畴成员之间的关系意义及其承担的事件语义功能上的差异。

二、事件研究的两种分析模式

（一）基于事件结构的语义学分析模式

沈园（2007）介绍了学界在事件结构分析中影响比较大的分析方法——体事件分析法，这一分析方法也被称为事件的情状类型分析法。金立鑫（2008）对于动词的行为类型、情状类型以及体类型三者的各自含义进行过详细阐释，便于我们对此进行区分，此处我们重点分析与体类型含义相关的事件分析法。

体事件分析法来自美国哲学家泽诺·万德勒（Zeno Vendler，1957）按照句中动词的时间特征划分出的四种动词情状类型：状态、活动、完成、达成[①]。除了状态动词用来表达静态事件外，其他三类由于都涉及了事件的变化特征，都可以用来表达动态事件。

其中，状态动词指的是具有持续性的静止状态；活动动词指的是没有自然终结点的持续性动作；完成动词指的是有自然终结点的持续性动作；达成动词指的是有自然终结点的瞬时动作，如表1所示。在这四类动词中，完成动词和达成动词构成的谓语被称为"终结性"谓语，因为它们表示的事件都有自然终结点，也就是内在的事件终点（事件发展的目标）。活动动词构成的谓语被看作是"非终结性"谓语。后来学者的研究表明终结性与非终结性是有关整个谓语的语义特征，是谓语语义组合

---

① VENDLER Z. Verbs and Times [J]. The Philosophical Review, 1957, 66（2）: 143.

的结果。

表1 动词情状类型及特征[①]

类型	± 动态	± 终结点	± 瞬时性	例句
状态	–	–	–	知道答案
活动	+	–	–	骑自行车
完成	+	+	–	建一座桥
达成	+	+	+	到达顶点

我们认为，上述基于事件结构的分析方式，是立足于从事件的时间结构出发对事件句的分析，美国哲学家Vendler的体事件分析法所作的分类研究至今仍有启发意义，他在体事件分析法中提出的关于动词四种类型的划分，可以看作基于动作变化事件框架对于结果范畴内部成员的分类依据。其中的"达成"事件和"完成"事件，在现代汉语中主要都是利用动补（宾）结构的句法形式实现的，"达成"事件和"完成"事件表示的是动作具有终止点的结果事件，从事件的时间结构性质上看，两者的主要区别是：一个标记时点结果事件，具有动作变化过程的瞬时性语义特征；一个标记时段结果事件，具有动作变化过程的持续性语义特征。

（二）基于事件框架的认知分析模式

上文我们主要介绍的是学界对于事件结构的语义分析模式，关于事件研究，还有一些学者是从事件框架视角展开的。我们这里对"事件框架"的认识是基于日常经验事件的总结概括，借鉴王红旗（2004）的观点[②]，将事件看作是一个由参与者、动作、环境等要素成分共同构成的动作变化过程，其中参加者包括施事、受事和对象成分；环境成分包括时间、处所、工具、结果等构成成分。"事件框架"体现了学者基于认知视角对于经验事件所采取的分析方式，集中体现在框架语义学、事件的层级建构和事件–构式等相关理论的分析模式的认识之中。这一部分我们重点论述关

---

① 孟艳华.事件建构与现代汉语结果宾语句研究[M].北京：北京语言大学出版社，2016.

② 王红旗.框架及其在语言表达中的作用[J].语言研究，2004（1）：15.

于事件框架及其事件构式的有关理论，对于事件的层级建构及其影响因素将在后文中说明。

1. Fillmore的框架语义学

美国语言学家查尔斯·菲尔墨（Charles J. Fillmore）在当代语言学研究上的主要贡献体现在他提出的三个具有里程碑意义的语言理论观点上，以下我们主要参考王寅（2011）的总结。

在20世纪60年代末，Fillmore提出了"格语法"理论，主张是将句法与语义两个层面研究结合起来，首先以语义研究为基本出发点，认为所有语言都有表示深层语义结构的"语义格角色"，主要研究句法表层上谓语动词与论元名词短语之间具有的普遍内在的语义格关系，并提出了一些深层语义格角色，他的这一理论为解决学界句法-语义的接口问题提出了一个崭新方案，因此"格语法"这一理论观点也影响了很多学者开始注重从语义角度进行句法分析。

上文梳理结果范畴相关研究成果时，曾经谈及这一研究范式对于汉语结果范畴早期研究产生的影响，学界主要是从动词的结果语义格角色角度开展结果范畴相关研究，但是这一视角的研究是在句法表层概括谓语动词与论元名词短语关系的语义格角色，这也最终导致了将结果宾语与结果语义格研究走向合流的趋向，使结果范畴研究最终成了对充当结果宾语的名词性成分进行的语义分类研究，最终演变为对充当宾语的名词成分的语义分类研究，致使结果宾语研究进入瓶颈期。

Fillmore也正是看到了格语法理论存在的不足之处，也就是这种分析模式过分倚重表层句法结构中动词为核心要素来支配管辖处于深层结构的语义格角色，实质上走的还是用句法表层来控制深层语义关系的研究分析路径，所以在20世纪70年代中期，Fillmore提出了"框架语义学"理论，这也是Fillmore在语言学理论研究上的第二个贡献，并且他首次将马文·明斯基（Marvin Lee Minsky，1975）提出的"框架理论"引入语言研究领域，同时还将格语法理论的"底层结构"发展为"概念结构"，这些无疑都为认知语义学理论奠定了基础。框架语义学的核心观点是，一个词语的意义应当在其可能激活的一整套概念结构或经验空间的全景式框架中获得妥帖的理解，对概念结构框架的句法表达应考虑不同透视域的选择，即从不同视角突显其中不同的语义关系，就会形成不同的句法形式。另外，Fillmore认为，概念结构是关于现实世界的语义知识，其核心部分是基于真实场景反复体验和提炼而成的"意象图式"。正是由于提出了这样一个具有整体性的概念结构，就可以以此为参照来理解相关的具体词语分支概念，Fillmore（1977）提出了具有代表性的"商务事件框架"的分析模式，就是从动词激活该事件框架不同透视域的视角来分析句型、动词以及不同动词之间的语义关系，这就为解决语义-句法映射关系提供了一个基于认知经验分析的认识视角。

我们认为，Fillmore提出的事件框架分析模式是将句法结构分析与日常实际的经验事件联系起来的一条有效途径，这样有利于从事件框架整体出发去分析句法结构的内部构成以及构成成分所起到的具体事件功能，也有利于摆脱以往单纯依靠句法语义关系对句法结构的静态研究。

沿着上述"事件框架"这一经验分析模式的理论创建，Fillmore开启了第三个里程碑意义的语言理论贡献，这就是在1985年发表的论文中提出了"构式语法"的术语，并引导和带领了一批学者开始着手建立构式语法的理论框架。他们从习语分析入手提出基于形义整体性分析的构式语法思想，认为不仅习语是形义的配对整体，而且语言各层次表达都是"形义一体"的符号，都可以统一于"构式"这一概念下来进行分析阐释，这一理论见解也已发展成为当今构式语法理论的基本原则之一。

2. 从Lakoff到Goldberg的构式语法

乔治·莱考夫（George Lakoff）早在1977年就曾基于完形心理学和框架语义学的有关观点提出"完形语法"的观点，认为句子成分的句法关系和功能应当相对于整个句型来确定，而不完全取决于句中成分的简单相加。Lakoff的学生Adele E. Goldberg在接受了Lakoff体验哲学和隐喻认知观以及Fillmore框架语义学和构式语法思想的基础上，确立了自己的认知构式语法理论（1995），所谓构式（construction），"是指语言中相对固定的形式与意义的结合体。从广义来说，任何的语言表达形式，只要它的形式或意义的某个方面严格地说不能从其组成部分推知的都属于构式"。和词汇一样，构式也是意义和形式对应的实体。Goldberg（2006）的构式语法研究已经从早期将"构式=形式+意义"的观点进一步完善为当前观点：构式=形式+功能，其中功能包括：语义、语用、语篇、认知等信息，目的在于扩大构式语法解释力。

Goldberg认为，句子的意义及其限制性用法不完全取决于主要动词的特征，而是与句子的框架性语法构式密切相关的。虽然构式的意义独立于动词的意义存在，但这并不意味着构式能够自上而下将意义强加给动词而无需考虑动词的意义。她认为，论元结构形式是动词意义和构式意义相互作用的结果。

3. Tamly的事件框架理论

与上述学者关于事件框架研究的认识不同，伦纳德·泰尔米（L. Tamly的事件框架概念是与其注意视窗开启理论结合在一起的，所谓"注意视窗开启"是指语言通过对一部分连续所指场景的显化，把该部分场景置于注意的前景位置（视窗开启），而通过隐性场景中的其余部分将其置于注意的背景位置（视窗闭合），这个认知过程被称为"注意视窗开启"，经历"注意视窗开启"的连续所指场景就是一个事件框架。事件框架为视窗开启理论提供认知基础，当一组概念要素及其之间的相互关系同时或者相互激活时，它们就处于一个事件框架之内，或者构成一个事件框架。那些根本没有被激活的或者稍微被激活的伴随要素居于事件框架之外。Tamly主要分析了五种普遍类型的事件框架：路径事件框架、因果链事件框架、循环事件框架、参与者互动事件框架和相互关系事件框架。可以看到，Tamly的事件框架研究是与人的视觉感知等相关认知系统结合在一起进行理论建构的。

Tamly认为，他这里提到的事件框架概念非常接近菲尔墨提出的框架概念，但二者在关注点和基本概念上仍有一些差异。首先，他认为菲尔墨的框架概念主要强调某些相互关联的概念要素的共存性，而他的事件框架概念同时关注到被排除在该框架核心之外的其他概念要素；另外，菲尔墨认为框架表征某一具体语言或一组语言具有的概念或现象，该概念或现象只能在某一特定社会文化背景下才能得以确定，而Tamly认为，他探讨的事件框架更具普遍性，由于该事件框架是与视觉感知等其他认知系统的结构相对应，所以很可能是与生俱来的。

梳理学界在事件框架和构式研究方面的基本理论观点，启发我们对于事件的研究除了着眼于事件的时间结构特征进行分析考察，还可以着眼于事件的空间结构特征等观察视角，包括对于事件框架的构成要素、事件构式以及事件框架建构中有关影响因素的分析。因为现实生活中人们亲历接触的具体事件总是发生在一定的时空背景下，由各种不同层面的事件框架要素构成的。根据认知原型范畴理论，我们关于结果范畴的研究中提到的结果补（宾）语句可以作为两类结果事件的原型构式来（事件语义结构的语言符号表征）分别讨论。这样，我们就将以往对于结果范畴只从句法语义角度单一静态的分析视角，转变为与事件框架及其认知建构过程等理论模式相结合的一种动态综合分析视角。这样，从事件建构过程的整体视角出发，可以重新审视以往对于结果范畴的理论认识成果。

三、事件界定及其分析模式的理论启示

综合上文对于事件界定以及当前事件研究的两种主要分析模式等理论内容，可以启发我们在事件语义及其建构过程视角下开展结果范畴的相关研究。

首先，虽然当前学界对于"事件"的界定看法有广义和狭义的区别，但是基于认知原型范畴观，狭义的事件观对于事件的界定往往越接近典型的动作变化事件，而广义的事件观则既包括动作事件也包括动作事件变化后形成的状态事件。

其次，上文我们对于当前学界在事件研究中两种主要分析模式的说明，一是事件结构的语义分析模式，二是基于事件框架的认知分析模式，

我们在本文中对结果范畴的分析主要是吸收这两种事件语义分析模式的长处：一是事件结构语义分析中体分析法的运用，我们认为，事件是发生在一定的时空背景中的，体分析法主要立足于对事件时间性的考量，着眼于事件时间属性的时点和时段特征，可以作为划分事件类型的一个依据；而事件的框架分析则是更注重对事件的空间性的把握，构成事件框架的影响因素具有不同质性，所以应充分利用这两种事件语义分析模式各自的理论优势，将优势综合起来进行结果范畴的研究，这样有利于我们充分认识结果范畴在事件类型界定中所起到的具体作用。

另外，除了事件界定及事件语义学的相关研究成果外，基于事件框架的认知模式中关于事件-构式的言语事件建构过程的分析，有利于我们从结果范畴在事件建构的影响因素视角来认识分析其中的参与者的作用，并且将对结果范畴的分析放在事件建构过程最终形成的不同事件-构式中去进行分析。这样，我们对于事件的认识，就不再仅仅局限于事件结构的语义学研究视角，还能注意到事件框架的认知视角，包括事件-构式的动态形成过程及其影响因素，因此我们将这些不同研究层面的理论分析模式整合在一起，作为本文开展结果范畴分析的事件建构理论背景，希望这样可以有利于我们充分认识结果范畴内部成员在事件建构中起到的句法语用功能。

第二节　事件的认知建构过程及其影响因素

一、事件的认知层级建构过程

认知语言学认为，人类对外在世界的认知表征过程遵循着现实—认知—语言三个主要的层级过程，我们对于现实中经验事件的认知过程也符合这一认识表征过程，王寅（2007）曾指出，现实—认知—语言是认知语言学遵循的一个基本认识原理，其中"认知"这一环节主要包括了互动性体验、意象图式、范畴化、概念化和意义等具体的认知过程，人类是在感知体验和互动基础上逐步形成的意象图式和认知模型，并在此基础上进行范畴化和概念化的。

因此，从事件的建构过程来说，人们首先是从感知外界的现实事件开始，然后再转化为内在的心智事件，最后再用言语事件进行包装输出。从人们在经验上感知一个具体事件到用语言符号将其表征出来，不同学者对这一事件建构的语言表征过程进行了理论探索，形成了如下一些具有代表性的关于事件建构过程的认知模式。

首先是王黎（2005）较早探讨了事件建构的层级过程，从客观世界到最后用语言把人的感知所得表达出来分为五个层级过程：客观世界的典型事件（E）—认知意象（I）—意义框架（F）—语言构式（C）—交际句子（S），陆俭明（2008，2009）在这一认识基础上把人从感知客观世界到使用言辞将其表达出来的过程分为了六个层面，主要区别在于将第二个层级细化分为两个层面：一个是先由感官感知形成的意象，另一个是由意象进一步抽象形成意象图式，也就是概念框架层面。

陆俭明（2008）在谈到上述认识时也指出，正是上述假设告诉我们，现实世界的客体或状态的空间存在并不是直接在语言中投射出来的，都得通过人的认知域这一环节。由此，"人对客观世界的认知在认知域里将形成一个观念框架，这个观念框架在语言里投射为某个特定的语义框架，这个特定的语义框架又一定通过某个语言的特定构式来加以表达，这个特定的构式为能准确表述语义框架内容，就在语言层面词库中选择最恰当、合适的词语，选择最恰当、合适的词语组合规则，最终形成交际需要的句子"[1]。

其次，孟艳华（2009）是把语言使用者从感知事件到用语言表征事件的过程分为四个阶段，第一个阶段：语言使用者感知场景/事件的过程阶段；第二个阶段：说话者根据认知观察视点、注意分布等认知机制对感知到的场景、事件进行结构化和概念化；第三个阶段：形成概念领域里的场

---

① 陆俭明.构式语法理论的价值与局限［J］.南京师范大学文学院学报，2008（1）：149.

景或事件建构的阶段；第四个阶段：利用语言对概念建构的场景或事件进行表征。

其中，在第二阶段和第三阶段，主要涉及人的认知系统的运作。由于认知主体在感知场景或事件时的认知组织方式不同，就会形成对事件的不同的认知建构，这套认知组织系统，主要包括上文我们在介绍Tamly的事件框架理论时谈到的观察视角系统和注意系统等，下文我们还将谈及事件建构中参与者的影响因素并对此展开进一步论述，这样建构出来的场景或事件就会不同。在第四阶段，认知主体通过语言形式表征经过认知建构的场景或事件，在这一阶段可以看出，语言与事件的认知建构存在着映现关系。所以从语言表征事件的认知建构过程来看，语言表达时所使用的句法结构等语言手段是为表征事件服务的，所以在选择何种语法形式手段上既受到自身句法语义系统的制约，同时又受到认知因素的影响与制约；另一方面，表征事件的句法结构等语言形式手段一旦固化下来，反过来又会对人类新的事件建构过程产生规约性影响。

另外，基于上述"现实—认知—语言"三位一体的关系，蒋丽平（2015）初步构拟了一个"客观事件—心智事件—语言事件"的事件认知过程模式（见图1），有利于我们认识从现实事件到语言事件的认知形成过程。

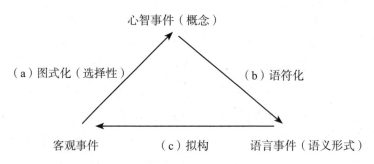

图1　"客观事件—心智事件—语言事件"的事件认知过程模式①

---

① 蒋丽平. 基于事件的语言认知模式构建与解读 [J]. 齐齐哈尔大学学报（哲学社会科学版），2015（9）：114.

　　这一语言认知模式的前提是事件在现实、认知与语言层面具有内部结构的同质性，客观事件在人的认知世界映射后形成人的心智事件，心智事件由于认知识解方式不同对客观事件进行了相应的图式化，而心智事件中的概念结构关系决定了语句表达中词语的语义选择和搭配关系，语言事件是心智事件对现实场景中客观事件进行抽象图式化处理后映射到句法空间的结果，不是对客观事件的直接摹写，是一种能动间接的反映过程。

　　上述学界对于事件建构过程研究的代表性成果，有助于我们从动态的视角来看待一个事件句的最终形成过程，尽管各位学者对于事件建构过程的层级划分并不相同，但基本上都是沿着"现实事件—心智事件—语言事件"这一认知顺序建立起来的，而且在具体分析事件的层级建构过程中，每一阶段都涉及一些不同的影响因素，所以下文我们分析事件建构过程中的两个主要影响因素，一个是参与建构事件过程的人，也就是参与者。上文在谈到事件的广义研究视角时，我们曾谈及，崔希亮（2018）认为，在事件的语义分析中，主要包括事件的时间结构、空间结构、事件的参与者和事件的报道者，他将前三个因素看作事件的内部因素，报道者看作是事件的外部因素。我们在这里谈及的事件参与者的影响，是综合参与者和报道者二者来谈及人在事件建构过程中的复杂概念化能力和认知识解能力，以及交际中参与者之间的认知协作能力。另一个影响事件建构过程的主要因素，借鉴孟艳华（2009，2016）在事件建构过程中对于语言表征事件的看法，主要指的是语言编码形式对于最终形成的事件句的表征、固化和规约作用。

二、事件建构过程的主要影响因素

（一）参与者的影响

1. 人的复杂概念化能力

　　人们能够感知和建构经历到的现实事件，并用语言表征出来，这与人拥有的认知概念化能力是分不开的，这种概念化的认知能力具体体现在人们能够运用具有感知觉、知识表征、概念形成、范畴化、思维能力的大脑对客观世界及其关系进行感知和体验的互动过程中，实现从现实事件—心智事件—语言事件的一个基本认知表征过程，认知语言学关注在心智事件过程中人的认知中介作用，其实质就是对于人的复杂认知能力及其形成的概念结构的重视，以下我们参照赵艳芳（2001）总结的人的复杂概念化能力。

认知语言学认为，对于事件的感知与建构是与人的复杂概念化能力分不开的，基本范畴和意象图式是基本概念的组成部分，形成初级的认知模式，而人的隐喻和转喻认知模式使人具有将物理空间映射到概念空间的能力，有将具体事物结构映射到相应的抽象概念结构的能力，因此人们就逐渐拥有了形成复杂概念的基础和能力。正是由于具备这种形成复杂概念化的能力才使人们能够感知和完成事件的建构过程，所以我们将人的复杂概念化能力作为事件建构的参与者所拥有的认知能力前提。关于意象图式，Lakoff（2017）进行了详细阐述，Lakoff认为，人类的各种概念在其内部和相互关系方面具有结构性，这种结构允许我们进行推理、理解、获取知识和进行彼此交流。

2. 人的认知识解能力

认知语言学认为，一个句法表达式作为一个象征结构无一例外地表征了人们是以某种方式识解其内容的，而识解理论主要指的就是"人们具有为了思维和表达需要采用不同方式感知和描述同一场景的能力"[①]。如果我们把内容比作场景，识解就可以看作是观察这一场景的特定方式，那么在观察某一场景或事件时，我们实际看到了什么，取决于我们观察的角度，或者选取什么作为观察对象，注意力又是集中在哪些成分上，以及选取什么作为观察的出发点，对于这些宏观的识解现象，Langacker提到了四个主要构成要素，我们主要依据Langacker（2016）的阐述如下。

（1）详略度。指的是主体对情景描述的精细及具体程度。一个详略

---

① 吴小芳，程家才. 识解理论再述 [J]. 齐齐哈尔大学学报（哲学社会科学版），2015（6）: 117.

度高的表达式对某一情景作出细致的描述，具有很高的解析度；而详略度低的表达式仅限于对其作粗略描述，低解析度只能反映出其粗略特征与总体组织。

（2）聚焦。涉及的是如何选取概念内容用于语言表达，并按广义描述的前景与背景加以排列。在任何情况下，当一个概念先于另一个概念出现，并在某种意义上促动后者时，我们均可以合乎逻辑地谈论前景与背景。

（3）突显性。语言结构呈现出众多不对称性，均可看作是突显问题。突显性的主要维度与聚焦有关，前景相对于背景具有突显性。另外，在一个范畴内部，典型成员相对于各个引申成员具有更大突显性。相对于其他经验领域，空间与视觉域具有优先认识地位。概括而言，显著性体现了某种内在的不一致性。这在各种对立的成员之间体现得尤为明晰。如具体-抽象、真实-虚构、显性-隐性，等等。

（4）视角。概念化过程涉及对某一场景的观察，视角就决定了这种观察格局，其中最显著的一面在于观察者所持的视点。观察格局是指观察者与观察对象之间的关系。观察者是对语言表达式的意义加以把握的概念化主体，即言者与听者。同一个客观场景可从多个不同视点观察和描述，因此就有不同的识解方式，并带来语言形式的差异。另外，我们也有能力采取某一虚拟视角，因而可站在听话者或其他个体的立场描述某一情景。

对于Ronald W. Langacker的识解理论及其后续学者的相关研究，吴小芳等（2015）指出，一方面人们对于识解维度进行穷尽式分类与描写是不现实的，人们是为了表达方便而对识解现象进行分类的；另一方面，目前还欠缺对于识解分类依据的说明。当前国内学者在研究时多是根据研究对象自身特点，对国外学者识解理论的分类进行借鉴与修补，或者重构适合研究需要的识解维度。从这一研究侧面也反映了识解的主观性，即"人们为了思维和表达目的，具有采用不同方式认知和描述同一场景或事体的能力"[①]。

---

① 吴小芳, 程家才. 识解理论再述［J］. 齐齐哈尔大学学报（哲学社会科学版）, 2015（11）：117.

3. 人的认知协作能力

荷兰认知语言学研究学者Arie Verhagen（2014）基于人类言语交际的背景，论述了现实交际中语言表达式具有的交互主观性本质，认为自然语言表达式并非只是完成了对于概念化客体的简单描述，很多时候，语言表达式的意义更是在于协调说听双方就某一概念化客体的认知立场。

Verhagen教授认为，以往学者的相关研究表明，人类语言系统区别于其他动物交际系统的特征之一是人类语言符号的形式与其功能之间的约定俗成性，这种约定俗成性预设了交互主观性，即语言符号有它的交互主观性基础。他借鉴了发展心理学家迈克尔·托马塞洛（Michael Tomasello）对社会认知的研究成果，人类之所以有别于其他动物（包括灵长目动物），是因为人类有从他人视角看问题的能力。因此，人类不仅可以通过自身与世界直接接触来了解世界，还可以通过他人（他人的观点）间接地了解世界。人类这种理解别人的基本能力，使自己不仅能成为"意识主体"，还能成为"心理主体"，这也是其他认知能力发展的前提条件。人类语言作为基本约定俗成体系，是同一文化的人们所共享的，语言知识在很大程度上是通过社会学习而不是遗传获得的，与同类认同的能力在人类社会学习尤其是语言学习中扮演着重要角色，它对人类语言符号系统产生影响，也就是说基本语言单位的语义成分应该包括一个很重要的部分，那就是人类自我理解与理解他人的认知处理。

因此，Verhagen教授认为，人类语言除了交换信息的功能，还有对他人进行调控和评价的功能，而且这种功能是更为基本的、第一位的，描述性功能则是第二位、衍生的。毕竟说话人/作者参与言语交流归根结底是想要影响别人的思想、态度或引起对方一个即刻的行为反应。成功的交际不仅仅是交际双方对同一概念化客体的关注，而且更是听话人能够理解说话人想让其作出何种推论。

基于上述观点，我们认为，Verhagen教授对于交互主观性的探讨，是对于Langacker提出的人们对于现实情境主观识解能力探讨的有力补充。这种认识是将人类在概念化过程中的主观识解能力放在人类言语交际的宏观背景下，着眼于人的目的性和交际意图实现的角度进行论述的，将人的主观识解能力与交际中人的目的性和交际意图联系起来，而这些是在Languacker提出的主观识解过程中被忽略的地方，因此与Langacker不同，Verhagen教授则更为关注概念化主体间如何进行认知协作以达到对概念化客体的识解平衡。这种识解过程中的交互主观性理论构建的基本模型就包括了概念化客体、客体间关系（由不同情景A和B构成时）、概念化主体、主体与客体间识解关系以及主体（说话人）与主体（听话人）间的认知协作关系。所以揭示语言是如何帮助人们实现这种认知处理过程的，也就是揭示人类与他人进行"认知协作"的能力是如何在语言中得以具体体现的。

（二）认知心理学关于记忆工作原理的阐述

以下我们对认知心理学关于记忆结构研究成果的阐述，主要根据王甦、汪安圣在《认知心理学》一书中总结的记忆系统工作原理研究成果的相关论述。认知心理学①是以信息加工观点为核心的心理学，又称为信息加工心理学。它兴起于20世纪50年代中期，其后得到迅速发展。有时学界也将一切对认知或认知过程的研究，包括感知觉、注意、记忆、思维和言语等，都统称为认知心理学。认知心理学的核心是揭示认知过程的内部心理机制，即信息是如何获得、贮存、加工和使用的。

认知心理学认为，人通过知觉从外界获得信息后在记忆中贮存下来，由此人才得以积累知识并在后来加以运用。所以，记忆在人的整个心理活动中处于突出的重要地位。从19世纪末叶到20世纪50年代，心理学界对于记忆系统的相关理论研究主要是沿着德国著名心理学家艾宾浩斯开创的研究方向。从记忆结构的两分说（长时记忆、短时记忆），到记忆结构的三级加工模式（多存贮说），目前观点认为，一个完整的记忆系统包括感觉记忆、短时记忆和长时记忆。

所谓感觉记忆，指的是当外部刺激直接作用于感觉器官，产生感觉

---

① 王甦，汪安圣. 认知心理学 [M]. 北京：北京大学出版社，1992：1-5.

象后，虽然刺激作用停止，但感觉象仍然可以维持极短的片刻。这种感觉滞留现象在视觉中最为突出。感觉滞留表明感觉信息的瞬间贮存，这种记忆就是感觉记忆或称感觉登记。感觉记忆保持感觉信息的时间虽然十分短暂，但是它可以在刺激的直接作用以外为进一步的信息加工提供额外的、更多的时间和可能，所以对于知觉活动本身和其他高级认知活动来说感觉记忆都具有重要的意义。

短时记忆是指对当前信息进行的加工和贮存过程，这一过程也被看作是信息通往长时记忆的一个中间环节或过渡阶段。短时记忆具有的突出特点一是容量有限，二是时间短暂。1956年美国心理学家乔治·米勒（George A.Miller）发表了题为《神奇数7加减2：我们加工信息的能力的某些限制》的著名论文，明确提出了短时记忆的容量为7±2个信息单位，也就是一般为7个信息单位，数值可以在5～9个信息单位之间波动。由此Miller也从信息加工角度提出了"组块"的概念。所谓"组块"就是指若干个较小单位联合成为人们熟悉的、较大的信息单位的加工过程。也就是说，短时记忆的容量一般为7±2组块。现有的研究表明，人们正是利用了贮存于长时记忆系统中的知识对进入短时记忆的信息加以组织，使之构成人们所熟悉的、有意义的较大的单位（组块）。所以，组块实际上就是一种激活（检索）长时记忆系统中的相关知识进行的信息的组织和再编码活动，组块所发挥的作用就在于可以减少短时记忆中的刺激单位从而增加每一单位所包含的信息，这样就可以在短时记忆容量有限（7±2）的信息加工范围内增加信息量，从而为人们完成当前的信息加工工作任务提供便利条件。

与短时记忆系统信息容量和信息贮存时间相比，长时记忆系统呈现的主要特征一是容量巨大，二是可以长期保存信息。短时记忆中的信息需要经过复述或者精细复述才能进入长时记忆，记忆系统加工的信息最终要在长时记忆系统中贮存下来，在人的长时记忆系统里贮存着我们关于世界的一切认识，从而为我们的一切活动提供必要的知识基础。认知心理学对于长时记忆系统的研究集中在两个方面：一是不再把长时记忆看作一个单一模式，而是将其分为不同类型或次级系统再进一步进行分析研究，比如有的学者将长时记忆分为情景记忆和语义记忆，有的学者将长时记忆分为表象系统和言语系统等来进行再分类研究；二是关注长时记忆系统的内部加工过程，重视信息的内部表征和组织，不再局限于研究各种外部因素的作用。

1972年加拿大的心理学家图尔文（Tulving）与唐纳森（Donaldson）共同主编了《记忆的组织》，在该书中依照贮存信息类型，将长时记忆分为情景记忆和语义记忆两类。此后近20年来认知心理学对长时记忆的研究主要针对的是语义记忆，并且提出了相关的各种语义记忆模型。所谓情景记忆是指个人对在一定时间内发生的事件的记忆；而语义记忆则是指人对语词、概念、规则和定律等抽象事物的记忆，所以语义记忆具有抽象性、概括性特征。语义记忆包含了事物的意义，贮存着我们运用语言所需要的信息，这些关于意义的信息就是语义信息。而美国心理学家阿伦·帕维奥（Paivio，1975）则是从信息编码角度将长时记忆分为表象系统和言语系统。表象系统指的是人以表象代码来贮存关于具体客体和事件的信息。表象代码指的是记忆中关于事物的形象，由于人的视觉表象发达所以视觉表象被看作是一种主要的表象代码；言语系统是以言语代码来贮存言语信息。这两个系统既彼此独立又互相联系。总体来看，表象系统与情景记忆具有某种相似性；言语系统则与语义记忆具有某种相似性。由于Tulving提出的长时记忆系统分类在心理学界影响更大，促使许多心理学家去研究关注语义记忆，研究中产生了一些有广泛影响的语义记忆模型。

单一性语义记忆模型。这里的单一性模型指的是这类语义记忆模型是以概念作为知识的基本单元，主要用来说明概念在长时记忆中是如何贮存和提取的。这类单一性语义记忆模型又分为两类，一类称为网络模型范畴；一类称为特征模型范畴。

属于网络模型范畴的主要以层次网络模型和激活扩散模型为代表。层次网络模型是奎利安（Quillian）和柯林斯（Collins）提出来的。这也是认知心理学的第一个语义记忆模型。在这个模型中，语义记忆的基本单元是概念，每个概念具有一定特征，这些特征也是概念，有关概念按照逻辑的上下级关系组织起来构成一个具有层次性的网络系统。层次网络模型对于概念的特征实行分级贮存，在每一级概念水平上只贮存该级概念独有特征，同一级各概念所具有的共同特征则贮存在上一级概念水平上。在这个模型中由于概念是按照上下级关系组成网络，所以每个概念和特征都在网络中处于特定位置，那么一个概念的意义或者内涵要由该概念与其他概念和特征的关系来决定。这种层次网络模型又被称为预存模型，它表明由一些概念的联系构成的知识预先就已贮存在语义记忆中，当需要从记忆中提取信息时，就可以沿连线进行搜索。激活扩散模型是 Collins 和 Loftus（1975）提出来的。这个语义记忆模型不再使用概念的层次结构，而是以语义联系或者语义相似性将概念组织起来，概念之间用连线连接起来，连线的长短表示概念之间联系的紧密程度，连线越短表明概念之间联系越紧密，两者之间共同特征越多，或者两个结点之间通过其共同特征有越多连线则表明两个概念之间联系越紧密。这里的概念特征就不一定要分级贮存了，概念之间可以有更多横向联系，也就是说，概念之间也已建立了一定的联系，说明事先包含一定的知识，所以也是一种预存模型。它假定当一个概念被加工或者受到刺激时，在该概念结点就被激活，然后激活该结点的各个连线同时向四周扩散，先扩散到与之直接相连的结点，再扩散到其他结点。

属于特征模型范畴的主要以集理论模型和特征比较模型为代表。这类模型与网络模型范畴相比有显著差别，网络模型范畴的特点是语义信息高度组织化，每一个概念都与其他概念有一定联系，处于网络中的一定位置，语义记忆有着严密结构，因此一些知识也事先得到贮存，所以这类模型被称为预存模型，搜索成为这类模型必不可少的加工过程。而特征模型范畴的特点是语义信息没有严密的结构，而是松散的，不具有网络形式，也就是概念之间没有现成的联系。这种联系无法靠搜索既有的连线，而是要靠计算才能得到，所以这类模型又被称为计算模型。

集理论模型是麦尔（Meyer，1970）提出的。集理论模型也是以概念作为基本的语义单元，每个概念都有一集信息或要素来表征。这些信息集可分为样例集和属性集或特征集。语义记忆就是由无数的这种信息集构成的，这些信息集或概念之间没有现成的联系。当要从语义记忆中提取信息来对句子作出判断时就要分别搜索上述信息集，然后作出比较，概念之间的联系或一定知识需要通过比较或计算才能得到，需要更多的推理能力，当两个集共同属性越多重叠程度就越高，就可以对句子作出肯定或否定判断。特征比较模型与此相近，这个模型是史密斯（Smith），舍本（Shoben）和里普斯（Rips）（1974）提出来的；是将一个概念的诸语义特征分为两类：一类为定义性特征，一类为特异性特征。定义性特征是定义一个概念所必需的特征，特异性特征对定义一个概念并不必要但有一定的描述功能。也就是说集理论模型对一个概念的诸属性或特征没有按照其重要性加以区分，而特征比较模型则对此作出了区分，强调定义性特征的作用。在概念之间，共同的语义特征特别是定义性特征越多联系就越紧密。

综合性语义记忆模型。这里的综合性模型指的是以命题作为知识的基本单元，主要用来说明复杂知识在长时记忆中是如何贮存和加工的，将语义记忆和情景记忆融为一体，所以这类模型具有综合性。

HAM模型指的是人的联想记忆模型，这是约翰·R·安德森（John R. Anderson和戈登·鲍尔（Gordon Bower）（1973）提出来的。它虽然也是一种网络模型，但是它的基本表征单元是命题，不是单个概念。命题是抽象的表征，在形式上类似句子。一个命题是由一小集联想构成的，每个联想则将两个概念结合在一起或联系起来。这类模型将语义记忆和情景记忆结合起来。另一类综合性语义记忆模型是ELINOR模型，这是由林塞（Lindsay）和诺曼（Norman）（1977）以及诺曼（Norman）和鲁梅啥特（Rumelhart）（1975）提出来的。这个网络模型由结点和连线组成，其中，结点代表概念、事件等，连线表示两者之间的意义联系，据此将长时记忆中贮存的信息分为三类：概念、事件和情景。事件是一个由行动、行动者和对象等构成的场景，事件的表征以行动为中心，围绕行动展开各种联系，数个事件按照一定时间关系（先后顺序）结合而成情景。在这三类信息中事件起到核心作用，事件是这一模型的基本单元，人的记忆是以事件为中心组织起来的，概念是构成事件的成分。这一模型就可以表征复杂事物，对信息进行深入加工，将语义记忆与情景记忆结合在一起。

上述认知心理学研究成果中关于记忆系统工作原理的相关论述，为我们提供了理论分析基础，如果将现实的言语交际需要看作是短时记忆系统的信息加工工作，那么长时记忆系统贮存的语义记忆和情景记忆就为短时记忆工作系统的再编码过程提供了信息资源库。尤其是ELINOR模型，以事件作为基本单元，将概念作为事件构成成分，为我们基于事件语义构成视角分析结果范畴提供了心理学研究的理论基础支撑。

（三）语言符号的表征、规约和固化作用

对于事件从现实—认知—语言的构建过程的顺序来说，语言事件的过程看起来是发生在事件建构过程的最后一个阶段，但是实际上从人们感知现实事件到形成言语事件的建构过程中，每一个阶段都离不开语言符号的参与，因为语言符号是与人的思维等心智能力伴随而生的认知加工活动。当人们对某一事件的建构过程利用某种语言形式或者语法范畴在言语交际中固化下来，反过来，这一语言构式或者语法范畴又具有规约性和固化作用，影响人们在新经验中对于场景、事件的认知加工活动。而人们在语言系统中选择哪种语法类或者词汇类项目进行事件构建时，同时又受到该语言自身具有的句法语义系统的影响与制约，语言的经济性也使我们更多采用不完全的指称事件方式。另外，学者在研究中也发现，对于同一句法结构人们往往用来指称具有语义相近关系的邻近事件结构。

综上所述，我们认为在事件构建过程中语言符号既起到了表征事件的作用，同时也起到了规约和固化事件的作用，通过语义范畴、语义关系等隐性形式对人类认知起到规约作用，孟艳华（2009）也谈及"句法结构的选择和使用同时受到语言使用者的认知因素以及语言自身的句法语义系统的影响和制约"，这也为我们研究动补结构可以指称不同的结果事件带来了启发。

三、事件建构过程的主要分析模式

上文我们主要分析了学界对于事件建构过程及其主要影响因素的理论成果，对于从"现实事件"经过"心智事件"等层级建构出来的最终"语言事件"形式，学者在研究中提出了不同的理论分析模式，我们将其主要归为两大类：一类以学者刘艳茹（2016）提出的"事件图式"分析模式为代表，另一类以邵春燕（2013）提出的"事件–构式"分析模型为代表，其中还包括樊友新（2010）等学者从事件构式视角提出的分析模式。其中，邵春燕（2013）基于事件–构式视角的事件模式分析对当前构式语法研究中存在的问题进行了批判继承，所以在本文的研究中，我们在借鉴"事件–构式"分析模式基础上，综合利用上述学者在事件建构中提出的理论分析优势。

（一）"事件图式"的分析模式

刘艳茹（2016）主要是通过构建"事件图式"假说，解释由现实事件到语言层面的投射过程，进而阐释人们是如何实现事件的语言识解过程。

首先将事件的层级建构过程看作是经历了"客观事件—认知识解—事件图式—语言"四个阶段。其中，事件图式是人们对现实事件的一种图式化表征模型，从事件图式到语言层面形成合格的句子是一个层级投射过程，一是从事件图式到语义层面的第一次层级投射过程；二是从语义层面再到句法层面的第二次层级投射过程。

其中，在第一次层级投射过程中，主要涉及人类在与外界长期互动过程中形成的意象图式，包括概念图式和事件图式。也就是在第一个层级投射中主要解决的是意象图式投射到语义层面的过程。人的范畴化能力形成了孤立范畴和关系范畴，概念图式与孤立范畴有关，投射在语言层面时以语词表现出来；而事件图式则与关系范畴有关，投射在语言层面中以句法结构形式表现出来。事件图式内部有常量构成要素（动作事件）以及变量构成要素（事件中的参与者），所以第一个层面主要涉及的就是事件图式的变量要素（事件参与者等）围绕常量要素（动作事件）转化为语义层面的具体语义角色（施事、受事、感事等）的问题。

另外，在从语义层面到句法层面第二个层级投射过程中，语义角色需要经历一个"过滤"过程。这是由于不同民族语言的句法使用规则具有个性化特征，所以语义结构虽然具有普遍性，但是句法结构则会体现出鲜明的独特性，相同的语义结构可能对应的是不同民族语言不同的句法表现形式。而且，第一层级中的语义角色并不是都会成为显性的句法成分表达出来。也就是说，在这一层级投射过程中，会出现程度不同的语义角色"磨损现象"，具体可以分为"自磨损"和"他磨损"两种情况。其中，"自磨损"现象主要指的是那些一直以潜在方式存在却无法具体在语言层面实现出来的语义角色；而"他磨损"主要指的是交际中可能出于某种语义上的凸显或强调等要求，导致一些语义角色有时在句法表层实现出来，有时则成为隐性角色。

（二）三层语法分析模式

樊友新（2010）吸收了语法研究"三个平面"和"大三角""小三角"语法思想的精华，结合学者王珏（2006，2008）提出的适合汉语句子分析的三层语法分析框架，构拟了句子结构的四层实体及其之间三层映射规则的语法分析模式和操作流程，形成了从事件结构到句子结构的"三层语法分析模式"。

和以往分析模式不同，三层语法设计中，与"句法""语用"作为"规则集合"不同，"语义"被认为是一个客观存在的实体对象。"句法"是管控从事件结构向短语结构映射规则的集合，而"语义"指的是先于语言而存在的事件，事件就大致对应于语义平面或者说是被认知的那些对象。因为语法是规则的集合，所以语法研究虽然要涉及语义，但是语义本身不是规则集合，而仅是影响规则的因素。

在语义描写和解释上，三层分析框架吸收格语法、配价语法分析句子局部语义成分的长处，同时利用事件语义学分析方法对句子语义作整体观的研究，力求让语义成为一个可以捉摸的实体，从而为分层的语法研究提

供一个具体起点。

因此，他采用分层思想，将句子概括为四级实体逐渐成型的过程，将语法看成三层映射规则（句法、语用、语篇）的集合，就是看到分层研究可以将复杂系统条理化的优势。与以往的格语法、配价分析法等不同，希望建立从结构到结构的映射关系，借用构式语法的思维方式，可以表述为从"事件构式"到"句法构式"到"语用构式"，再到"语篇构式"的层级关系。

（三）"事件–构式"框架分析模型

邵春燕（2013）指出当前构式语法研究中存在的关键问题在于没有明确事件在构式中的作用，从而错误地将事件所发挥的作用归于构式。因此她提出了一个"事件–构式"框架模型。

邵春燕首先从事件角度来研究构式，把我们上文提及的事件层级建构过程分为六个层次，即经验事件、概念事件、框架事件、凸显事件、构式事件和词汇化事件。在这一层级建构中，事件是指人们日常生活中所经历的常规行为事件，它是人们对现实世界认知过程中进行表征的心理依据，受到时间和空间双重制约，其组成要素主要包括事件参与者、行为、道具和结果。该模式认为事件是语法研究中不可或缺的组成部分，旨在将对事件的描述与对构式的理解联系起来。

经验事件是指人类日常生活中所经历的时间和空间限定的一切事件。经验事件可以抽象成为概念事件。概念事件是对具体事件中参与者和事件类型的初步抽象。这些概念进一步泛化，构成一个意象图式，形成框架事件。框架事件中的参与者经历不同的凸显，即一个事件中的某些参与者会得到凸显，而另一些则被背景化。凸显事件以构式事件的形式出现，被凸显的事件参与者获得自己的论元角色，以某一个语言约定俗成的表达方式体现出来；最后，构式的各个语义空格由具体词汇一一填充，完成事件表征的整个过程，事件呈现出层次性和结构性。

其次，在关于动词、构式与事件三者的关系上，她认为，动词和构式都是事件的转喻，无论动词还是构式本身都只是对事件的部分表征，因此在一个构式中，既不是动词决定论元数量，也不是构式赋予论元角色，真正对论元起决定作用的是动词和构式所代表的事件。另外，由于在一个事件中存在着不止一种凸显潜势，而一个构式仅仅是凸显这些潜势中的某一个，因此构式与事件之间不是一一对应的关系。一个事件可以借用不同构式进行表达，而同一个构式又可以表达不同的事件。构式与事件之间的不对称性使得语言既能够概括纷繁各异的事件，又为说话者提供了不同的表达可能性，使得说话者可以能动地选择凸显一个事件的不同侧面。

因此，构式得到了事件的制约，赋予论元角色的功能就不至于过于强大。构式来自不同的凸显，凸显提供了构式的动因，即构式之所以存在是因为它需要表达对事件中不同参与者的凸显。既然构式旨在表达事件中的凸显不同，那么构式就应当到事件中来寻求其意义，即构式的意义根植于人类所经历的事件。

通过上述对于事件的层级建构过程及其分析模式的介绍，对我们基于事件建构视角开展的结果范畴研究，可以有如下启发。

首先，尽管在事件层级建构的具体分级和表述上彼此认知不同，但是基本事件的事件层级建构脉络主要都是沿着从现实事件—心智事件—语言事件这一基本思路展开的，上述这些研究有助于我们厘清对于现实事件、心智事件和语言事件的认识。我们认为，基于人类言语交际的背景，现实事件是认知的基础，心智事件则涉及人的概念化能力和认知协作能力，而语言事件则是最后完成的输出和表征阶段。

除此以外，樊友新（2010）、邵春燕（2013）和刘艳茹（2016）等基于"事件图式"和"事件构式"等角度开展的有关事件建构过程的分析模式，深化了我们事件建构视角研究的理论认识。其中，刘艳茹（2016）提出的围绕"事件图式—语义层面—句法层面"的三层语言投射模式过程及其在每个不同层面的投射规则，有利于我们认识从语义层面到句法层面的实现过程。另外，在基于"事件–构式"的分析模式中，樊友新（2010）将语义看作一个可分析的实体，结合汉语语法研究中"三个平面"的思想，提出在四个构式阶段中的三层语法分析模式，注重建立语法分析的操作程序；而邵春燕（2013）对当前构式理论研究中存在的容易忽视的理论问题进行了探讨，突出体现在对动词、构式和事件三者关系的认识上，这些基于事件建构视角的理论分析模式既深化了对于当前事件研究的认识成果，同时也启发我们基于事件建构理论视角开展结果范畴的认知语义研究。

四、"达成"事件语义框架和"完成"事件语义框架

根据上文我们在事件情状类型分析法中的介绍，哲学家Vendler（1957）按照动词的情状类型特征划分出来四类事件：状态、活动、完成、达成。可以看作是从事件的时间属性上对事件进行的分类，除了状态动词用来表达静态事件外，其他三类动词由于都涉及事件的变化，可以用来表达动态事件。汉语动补（宾）结构主要表征的就是其中的完成事件和达成事件，而状态和活动动词也可以通过添加其他成分转变事件的情态类型，构成完成事件或者达成事件。除了时间属性上的差异外，两类动作变化事件框架在表示动态事件、事件的终结性属性上都具有相近性，这从语言形式选择的层面也说明了这两类事件能够选择同样的句法结构形式进行语言表征，具有人们认知心理的现实性基础。另外，句法的象似性和经济性原则也制约人们需要用有限的语言结构形式来最大效率地满足现实言语表达的需求。

因此，基于上文我们对于不同学者关于事件结构和事件框架以及事件层级建构等理论研究的认识，同时受Vendler（1957）对于动词情状类型分类的启发，借鉴学者邵春燕（2015）提出的"事件–构式"框架模型的分析模式，动词和构式的实质都是对于事件的转喻表征，只有事件才是整个构式的核心和起支配作用的宏观制约因素。"达成"事件语义框架往往在长时记忆系统中表征为一个状态变化事件，在句法表层形式上多使用结果补语构成；"完成"事件语义框架往往表征为一个新事物的出现或完成的事件，在句法表层形式上，结果宾语多为共现成分。两个不同类型的事

件语义框架模式，一个多对应的是时点结果事件；另一个多对应的是时段结果事件。这样就使以往学界对于结果范畴中结果补语和结果宾语等问题的研究，不再仅是归属于各自独立的句法结构研究层面，而是统一于"达成"事件和"完成"事件两类事件框架下形成的不同事件语义结构的分析模式中，这样我们就可以据此在事件语义框架视角下对结果范畴内部成员进行分类研究。首先，在第四章中主要分析结果范畴在事件框架中的事件功能及其事件义；其次，在第五章和第六章通过结合现实交际语料用例考察，进一步说明由于凸显说话者交际意图的差异，结果范畴在现实话语序列层面上呈现的具体句法使用规则及其实现的语用功能。

第四章　事件语义框架下结果范畴分析

第一节　结果范畴事件的主要影响因素

一、结果范畴事件中参与者的影响

（一）时点结果意象和时段结果意象

在本文研究过程中，我们将动补（宾）两类事件语义结构模式看作结果范畴在事件层级建构过程中形成的两类典型的动作变化事件，语言符号表征为事件语义结构构成要素的不同，一简一繁，由此也可以看出，在"心智事件"这一事件的层级建构阶段，参与者在进行复杂概念化过程中，对于事件感知后所形成的相关意象图式的基本特征也存在差异。也就是说，由于两类动作变化事件的时间属性特征不同，一个是突出瞬时性变化的时点事件特征，一个是突出长时过程变化的时段事件特征，所以两类结果事件在参与者的认知概念化过程中形成的意象图式也不同，一个对应形成的是时点事件的结果意象图式，一个对应形成是时段事件的结果意象图式。因此，两类典型的动作变化事件在时间特征上形成一个认知上的"连续统"过程：一端接近时点结果事件，一端接近时段结果事件。

与两类事件形成的结果意象图式相对应，因为大脑中的事件语义结构并不只是单纯的语义结构，而是需要语言符号作为表征形式，这样在人类的大脑长时记忆工作系统中才能留下痕迹，也就是说，结果范畴的语言符号编码形式体现了这种动作变化事件的时间性特征。人类对于一个事件的时间属性特征的认识，一般具有时点时间和时段时间的认识判断，但同时我们也必须看到，人类对于事件时间的这种主观性认知，又是具有灵活性和创造性的，对于一个事件的事件属性来说，原本该事件具有时段时间属性特征，但是人们也可以把它看作一个倏忽而过的时点时间。也就是说，事件的时间属性特征在人类实际的话语表述中具有变化性、动态性，不是人类不区分，而是与现实的言语交际主体的交际意图实现有关，所以说事件的时点特征和时段特征不是事件的绝对属性，而是相对的。所以，在大脑的长时记忆工作系统，我们有时点事件和时段事件在语义构成要素上的区分，但是现实的言语交际互动过程是复杂的，我们就可以利用表征时段事件的语义结构形式来说出说话者想要提示的把一个时段事件看作一个时点事件的话语形式来。

如果我们不将动补结构与动宾结构放在表征动作变化事件时间性特征的关联性上来比较的话，我们就很难从根本上说清楚这两类句法结构形式之间的联系与区别，也很难突破以往句法语义关系差异分析的理论探讨。

根据我们在第三章内容中对参与者在事件层级建构中影响因素的分析，就可以深入认识句法结构形式背后的影响因素。由于两类动作变化结果事件对于参与者形成的时间意象图式不同，所以表现在句法结构的特征上也存在形式差异。

首先，从事件发生的时间属性特征上看，有的结果事件发生时间较短，是由动作行为导致某事件出现的一种瞬时性变化，这类动作变化事件的结果往往具有偶然性、突然性，不是说话者主观已经预料到的一种动作变化结果，常常利用动补黏合结构（动结式）作为句法形式表征：比如，打爆、谈崩、震裂等；有的结果事件是经历过一段时间的动作变化过程后才形成的，这类典型事件一般是说话者主观上或者在计划上希望达到的结果的完成，所以多具有可预料性，往往利用结果宾语搭配结果补语成分共同充当结果要素成分，而且句中往往会出现表示一段时间的词语。这也说明，复杂的句法形式背后是与其复杂的认知动因有联系的。其次，从事件发生的空间属性特征上看，如果一个动作变化结果事件是在短时间瞬时发生的，在空间上就很难占据一定的物理位置，因此该动作事件结果具有突变性，句法结构形式趋于黏合式，这就与事件发生的时间性、空间性特征相似；如果结果事件是经过一段长时间的动作过程累积才产生出现的，那么该事件结果在空间上往往占据一定的物理位置，往往容易以出现一个新的实物作为该动作结果的显著标志。这样，在实际说出的话语组合形式安排上也相比短时的动作结果事件在话语结构形式上更为繁复。所以我们可以看到，在有结果宾语共现的动补结构中，需要结果补语性成分和结果宾语性成分共同搭配使用，有时还需要搭配表示一段时间的词语共现来说明事件是经历过一段时间才完成的，以此凸显该动作变化事件的过程性特征，表明事件前后参与者的性质、特征或状态发生的变化情况。

（二）规约性结果意象与偶发性结果意象

郭继懋、王红旗（2001）认为，动补结构的黏合补语与组合补语在语义上的差异集中表现在与规约性结果和偶发性结果的联系上。人类对世界的认识表现为"理想化的认知模式"，这是人们在认识事物与理解现实世界的过程中，对某领域中经验和知识所形成的抽象的、统一的、理想化的组织和知识表征结构。而其中之一的"命题认知模式"，主要是指人们在长期生活过程中形成的对各种实体、特性以及它们之间相互关系的一种认知模式，并将这种认知模式投射到经验世界中从而去理解经验。他们认为，人们身处的真实世界中经历的结果事件有两种：一种是规约性的结果；一种是偶发性的结果。有因果关系的两个事件如果属于同一个"命题认知模式"，也就是具有常规逻辑上的因果联系，其中因果事件之间的关系就是规约性的、稳定的和紧密的；如果两个事件不属于同一个"命题认知模式"，也就是并不具有常规逻辑上的联系，二者之间的关系就是偶发的、临时的、松散的。所以理解偶发性的因果关系往往需要依赖语境提供的线索。因此，规约性的结果适合用黏合补语表达，规约性结果与原因之间的概念距离近，结果蕴含在原因中，所以就没有必要也不太可能得到凸显，原因和结果容易作为一个单一的完型以总括方式进行心理扫描，而且表达这种因果关系的语言形式之间的距离也近；而偶发性的结果往往是具有高凸显价值的信息，所以原因和结果被作为两个单独事件以次第顺序方式进行心理扫描，由于偶发性的结果与原因之间的概念距离远，所以在语言形式上也多依靠"得"构成组合式补语结构，语言的形式距离也较远。

上述研究为我们从认知功能视角认识结果范畴在不同事件框架下的句法表达形式提供了参考，尤其是对规约性结果与偶发性结果的认知值得我们思考。我们认为，规约性的因果关系只是代表我们日常认知处理的事物之间常规关系的一种，人们对于事物之间常规关系的认知，又是如何为人类的话语交际理解服务，并进而影响到人的思维过程的？这一问题其实值得我们进一步思考。

对此，学者徐盛桓（2002）曾做过详细探讨，值得我们借鉴。他从本体论、认识论和方法论三个角度界定过常规关系的含义，我们关注他从本体论角度对此的基本看法，"常规关系就是事物自身的关系，为语言的表达所利用，从话语的理解特别是含意推导来说，常规关系被提炼为'常规范型'，在话语中体现为含意或称隐性表述的具体内容，对语句的显性表达作出阐释或补足，使话语得以理解为相对完备的表达，达致交际的理解"[①]。也就是说，人们对于常规关系的认知往往是为交际中的隐性表述提供背景知识，方便对于话语新信息的加工处理。并且他进一步指出了这种隐性表述或常规关系的运用是与人的优化思维紧密联系在一起的一种思维进化过程。"语言中运用隐性表述，是在人类童年期原始语言最初形成时就已形成的传统。隐性表述的运用是语言优化运用的一种表现形式。当人类在极其恶劣的生存环境下，一切行动总是要力求以最小的付出换取最大的收获。这一行为取向内化为意识，就发展为思维导向，这就是优化思维。在优化思维的主导和制约下，语言运用力求优化"[②]。如果规约性的结果也应看作是事物之间一种常规关系的话，那么我们对于事物之间规约

---

① 徐盛桓. 常规关系与认知化——再论常规关系［J］. 外国语（上海外国语大学学报），2002（1）：6.

② 徐盛桓. 常规关系与认知化——再论常规关系［J］. 外国语（上海外国语大学学报），2002（1）：6-7.

性的因果关系的认知也不例外，在话语中常规关系往往成为隐性表述，为话语理解提供背景信息，这是人的优化思维的进化选择。这就与郭继懋、王红旗（2001）的上述理念有些不符，他们认为黏合补语多与规约性结果对应，而组合补语多与偶发性结果对应。

另外，美国学者Tamly在其《认知语义学：概念构建系统》（卷1）（2017）中谈到语言视窗开启和人的注意认知系统的关系时也提到，对于一个概念复合体某些部分的视窗闭合允许那些看来更不相关、更冗余或更明显（如能由听话人推测补全）的概念区域在通常的背景加工中保持不被强化。此外，视窗闭合允许把促进系统中有限的资源留给更重要的领域。视窗闭合这两种性质有助于提高概念内容的交流效率。这是从人的注意系统具备的灵活性角度验证了语言视窗开启与闭合的目的是为交际效率服务的功能。

学者张国宪（2016）在分析中也指出，就动结式而言，补语往往是信息焦点，负载较高的语义信息值。从认知上说，行为与规约性结果补语成分之间有一种稳定的、紧密的联系，表述的是一个按照逻辑发展的理想化的事件。因此，在语义信息值上，规约性结果补语成分处于较低信息价值水平，是一种常见的、可预测的、已程式化的语义信息，难以形成信息焦点。在语言表达上，高规约性的补语不一定非得在表层结构出现不可，完全可以背景化。我们认同这一分析过程及其看法，并且这一观点与上述谈到的Tamly（2017）、徐盛桓（2002）等学者的见解保持一致。

比如，以下面"V穿"语料的使用情况为例：

（1）那条被鱼叉叉穿的鱼还在拼命地挣扎。

（2）他脚下一滑，手里的剑刺穿了我的运动衣，但人没被刺伤。

（3）子弹打穿了他的胸膛，他应声倒下去。

（4）时间长了，房檐滴下来的水能把石头滴穿。

（5）这块板子那么薄，连小钉子都能钉穿。

（6）要把这面墙凿穿，至少得一两个小时。

（7）剪子从桌子上掉下来，扎穿了他的鞋，幸好脚伤得不重。

（8）他的用意我早就看穿了。

（9）他之所以不让我去，说穿了，是他不信任我。

再如，以下面"V愣"语料使用情况为例：

（1）他突然打了我一拳，把我打愣了。

（2）"空中飞人"的表演真精彩，观众都看愣了。

（3）孩子们听故事都听愣了。

（4）她这一问真把我问愣了，我半天都没回答上来。

（5）我刚进门，同学们冲我大笑，把我笑愣了。

通过上文例句，可以看到，除了我们常用的"刺穿""打穿""扎穿"等黏合式动补结构的例子是如上述所说的规约性比较强的动作结果事件外，上述"V穿""V愣"组合用例大部分都是我们对现实经历各种不同动作变化事件的临时性句法组合形式，是由不同的动作使因事件导致的结果事件，除了那些已逐渐程式化的动作变化结果事件是由于人们在日常生活中反复经历已形成规约化的结果意象，日常生活中我们要遇到或经历的动作变化结果事件总是千差万别的，所以说，黏合式动补结构中大多数都应该看作是我们经验事件的一种临时的、偶发性动作结果事件。也就是说，规约性的结果意象信息一般作为句法结构表层隐性的语义信息，往往并不需要具体实现出来，如果我们在句法表层结构中将规约性的结果意象信息实现出来，就是与我们要实现的某种特定的语用意图有关。

（三）结果范畴事件的主观识解方式不同

我们将一个简单的动作变化事件分为动作开始、持续和结束三个部分，结果事件反映出我们对于一个事件终结点的认知，所以属于对动作事件结束部分认知注意力的窗口化，也就是认知窗口的开启。将结果事件看作事件结束部分的一个离散单位，结果事件是与该动作行为事件相伴随而产生的，也是由该动作行为导致的，所以动补（宾）结构本质上是人们对现实事件因果联系的概念化映射过程的语言编码反映形式。

首先，从参与者对于事件的观察视角上看，我们将动补（宾）结构编码的动作—结果事件的两个部分可以看作图形—背景之间的关系，其中使因事件提供了关于该动作结果事件情状发生的背景部分信息，一般表示了该动作的方式内容，使言语交际中对于结果事件的认知处于前景化，也就是该事件的"图形"部分成为焦点信息，这是交际中说听双方注意力加工的显著信息位置。

以下面"V满"为例，在例（1）—例（4）中，"V满"之前的话题内容是该由动作变化导致的结果事件的背景信息，主要交代结果事件发生的具体环境位置信息，比如：浴室的墙上、报纸的第三版上、她的眼睛里、地上等；而"V满"之后则是该结果事件的焦点信息，是该事件要凸显的主要内容；而在例（5）—例（10）中，与例（1）—例（4）中凸显内容语句安排的编码顺序正好相反，处于结果事件前景部分得到凸显的信息，是结果事件发生的具体环境位置信息，而处于事件背景部分的信息，是具体的内容信息。

（1）浴室的墙上安满了衣帽钩。　（满——衣帽钩）

（2）报纸的第三版上登满了照片。　（满——照片）

（3）她的眼睛里含满了泪水。　（满——泪水）

（4）秋天到了，地上落满了树叶。　（满——树叶）

（5）落叶铺满了小路。　（满——小路）

（6）金色的阳光洒满了大地。　（满——大地）

（7）这家旅馆旅客没有住满，还有空房间。　（满——旅客）

（8）钢笔里的墨水没吸满，刚写几个字就没水儿了。（满——墨水）

（9）字不多，连一张纸都没抄满。　（满———一张纸）

（10）这个星期的活动又安排满了。　（满——活动）

所以在"V满"的用例中，由于参与者观察视角不同，其中补语成分"满"可以实现为两种语义指向功能，一是可以指向该结果事件内部的具体内容；一是可以指向该结果事件发生的外部具体环境。实际上，对于现实发生的事件，人的具体感知上可能是上述两种认知体验状态都有，但是语言的实现方式是需要通过一定的编码顺序排列来实现的，是一种线性的结构安排，不是立体的。所以，对于听话者来说，也是按照说话者提供的言语编码顺序来识别话语中凸显的主要信息。因此，在句法表层结构中，越是排列紧密、位置分布距离邻近的语言单位，越是容易作为一个整体的语言关联单位进行意义解读。而且为了要凸显最终的结果事件的状态变化"满"，在例（7）、（8）、（9）、（10）中，又分别采取了不同的言语表达策略，或者利用"的"字结构，如例（8）、例（10）；或者利用强调句结构，如例（9）；或者利用话题句，如例（7），最终使该结果事件中表事件状态变化义的成分位于句尾焦点的句法结构分布位置，以此来调节听话者对于说话者凸显信息的加工处理。

另外，由于参与者对于事件认知视角的变化，导致人们对于同样一个结果事件呈现出不同的主观识解方式，参与者认知观察视点的变化表现出对于同样一个结果事件可以有不同的呈现方式，如果是远距离观察视角，将动作—结果事件可以看作一个点事件进行整体反映，这是结果事件的高水平认知加工方式，具有高度的抽象性，黏合式动补结构（动结式）主要反映这种认知心理的加工模式。

如果是采取近距离观察视角，将事件结果从整个事件中离析出来，在交际中可以随时谈论它、评判它，就类似于电影镜头的特写方式，人们只注意对结果事件本身的反映，动补结构中的"得"字组合式主要反映的就是人们对于结果事件本身的认知注意，因此"得"字起到一个作为说话者调节"聚焦"标记的作用，"得"后的成分才是说话者希望听话者需要花费注意力进行主要加工处理的焦点信息。

所以对于同一情景中的结果事件，如果人们采用的是远距离观察视角，可能将认知观察到的结果事件看作是整个事件结构中的一个点事件；如果是选取近距离的观察视角，人们可能只是选择结果事件中的一段过程来认识描写。所以，不同的事件结果凸显方式与参与者选取的认知观察视点有关，也与说话者主观上希望听话者注意加工的信息有关，涉及交际中说听双方的认知协作能力，与说话者的主观交际意图有关。

二、结果范畴符号表征形式的发展变化

（一）古汉语中结果义单音节动词作为符号表征形式

古汉语尤其是上古汉语以单音节词为主，一个单音节动词的词义内涵非常丰富，往往包含了"动作+结果"或者"动作+方向"等语义内涵，石毓智（2003）将这一特点看作是古今汉语动词在概念化方式上发生的变化，杨荣祥（2017）将这类同时包含动作及结果义的动词称作"结果自足义"[①]的动词来研究，也就是一个单音节动词表征的是"动作+结果"或"动作+方向"等概念化语义特征，而现代汉语是以双音节复合词为主的词汇化表征形式，原来一个单音节动词包含的复杂语义内涵，已经普遍使用动结式的词汇化形式来表示了，而正是由于这一改变，使动补结构中黏合式结构形式增多，也就是说，"动词的概念化越复杂、内涵越丰富，其语法表达式则越简单"[②]，相反，它的语法表达式就越复杂（这里的语法表达式指的是在言语交际中说出的话语系列——语言符号的组合方式）。

通过考察《古汉语常用字字典》（1998年版）收录的古汉语常用单音节部分动词用例（见表2），该字典中的详细用例情况可见文后附录4的总结，我们可以看到，古汉语中单音节动词词义在概念化时已包括了动作的方式/动作的结果/动作的方向，因此当该动词在句法组合中出现时，一般就不会再出现相应的表示动作结果或动作方向的句法成分，也就是说古汉语中单音节动词词义在概念化过程中已经包括了动作—结果/方向义，因此一个古汉语单音节动词往往相当于现代汉语的一个动补式复合词或者动结式黏合结构来使用，动作的方式、工具或者结果往往都笼统隐含在一个单音节动词中，所以古汉语句法结构形式相对简短，而这些与动作有关的方

[①]　杨荣祥.上古汉语结果自足动词的语义句法特征[J].语文研究, 2017（1）：11.

[②]　石毓智.古今汉语动词概念化方式的变化及其对语法的影响[J].汉语学习, 2003（4）：2.

式、动作方向、工具和结果在现代汉语的句法形式中是需要根据句义表达要出现的成分，如果不出现，有时句法结构形式的表述就不完整。

表2 《古汉语常用字字典》中部分动词用例考察

序号	动词	释义及用例
1	熬	熬干，煎干。《周礼·地官·舍人》：共饭米熬谷。
		引申煎焦。《后汉书·边让传》：多汁则淡而不可食，少汁则熬而不可熟。
2	拗	用手折断。《梁乐府·折杨柳枝歌》：上马不捉鞭，反拗杨柳枝。
3	瘳	病好了。《诗经·郑风·风雨》：既见君子，云胡不瘳！《后汉书·华佗传》：病皆瘳。
		损失，损害。《国语·晋语二》：君不度而贺大国之袭，于己也何瘳?
4	摧	折断。焦延寿《易林·坤·屯》：苍龙单独，与石相触，摧折两角。范仲淹《岳阳楼记》：樯倾楫摧。
		摧毁，毁坏。李贺《雁门太守行》：黑云压城城欲摧。
5	偾	扑倒，跌倒。《庄子·天运》：一死一生，一偾一起。
		引申倒毙。晁错《言守边备塞疏》：输者偾于道。
		奋起。《左传·僖公十五年》：张脉偾兴，外强中干。
6	歼	杀尽，消灭。《左传·僖公二十二年》：公伤股，门官歼焉。
7	剪	剪断。贾思勰《齐民要术·种韭》：韭高三寸，便剪之。
		引申裁去，铲去。刘勰《文心雕龙·熔裁》：剪截浮词谓之裁。
		削弱，消灭，灭掉。《左传·成公十三年》：又欲阙剪我公室。《左传·成公二年》：余姑剪灭此而朝食。
		又降低。《史记·李斯列传》：如此不禁，则主势降乎上，党与成乎下。
8	漉	淘干，使干润。《礼记·月令》：仲春之月，无漉陂池。
		渗。《战国策·楚策四》：夫骥之齿至矣，服盐车而上太行，……漉汁洒地，白汗交流。

续表

序号	动词	释义及用例
9	殍	饿死。《辽史·杨佶传》：燕地饥疫，民多流殍。
10	剖	破开，分开。《庄子·逍遥游》：魏王贻我大瓠之种，我树之成，而实五石，……剖之以为瓢。
11	仆	向前倒下。柳宗元《蝜蝂传》：卒踬仆不能起。泛指倒下。张溥《五人墓碑记》：抶而仆之。
12	杀	弄死，杀死。《史记·陈涉世家》：尉剑挺，广起，夺而杀尉。柳宗元《捕蛇者说》：去死肌，杀三虫。
13	缢	吊死，上吊。《左传·桓公十三年》：莫敖缢于荒谷。 又绞死，勒死。《左传·昭公元年》：缢而弑之。
14	殪	射死。屈原《九歌·国殇》：左骖殪兮右刃伤。
15	凿	凿开，挖通。《战国策·齐策四》：请为君复凿二窟。

石毓智（2003）认为，由于古今汉语动词在概念化方式上存在着系统的差异，所以也带来了许多语法结构上的变化，而动词是组织句子的核心成分，所以它的概念化方式对于语法的影响也最为敏感。一个民族的概念化方式往往是高度一致的，是有规律的，而不同民族由于概念化方式的不同，就可能导致它们在语法结构上的差别。

（二）现代汉语中动补式复合词作为符号表征形式

通过对《现代汉语词典》（第7版）和《汉语动词—结果补语搭配词典》的动补式复合词和动词—结果补语搭配的动结式考察，可以初步了解结果范畴在现代汉语中语言符号表征形式上呈现出不同于古汉语的一些词汇形式上的变化。

首先，我们对《现代汉语词典》（第7版）中动补式复合词的用例情况进行了考察（见表3），详细用例情况见文后附录1的总结。

表3　动补式复合词用例情况考察

类别		用例情况
双音节动补式复合词	VA式	1.看轻：动词。轻视：不要看轻环保工作。 2. 看重：动词。很看得起；看得很重要：看重知识|我最看重的是他的人品。 3. 看淡：动词。（1）（行情、价格等）将要出现不好的势头：行情看淡|销路看淡。 （2）认为（行情、价格等）将要出现不好的势头：商界普遍看淡钟表市场。 4. 扩大：动词。使（范围、规模等）比原来大：扩大再生产|扩大战果|扩大眼界|扩大影响|扩大耕地面积。 5. 判明：动词。分辨清楚：弄清楚：判明是非|判明真相。
	VV式	1.搅扰：动词。（动作、声音或用动作、声音）影响别人使人感到不安：姐姐温习功课，别去搅扰她。 2. 剿灭：动词。用武力消灭：剿灭土匪。 3. 剿除：动词。剿灭。 4. 揭穿：动词。揭露；揭破：揭穿阴谋|揭穿谎言|假面具被揭穿了。 5. 揭破：动词。使掩盖着的真相显露出来：揭破诡计。
三音节动补式复合词		1.看上去：从表面判断、估计：她已年过五十，但看上去也就四十来岁。 2.看得起：口语，动词。重视：你要是看得起我，就给我这个面子。 3. 看上眼：看中；合意：这么低档的东西，她才不会看上眼呢！|这点儿小钱人家根本看不上眼。 4. 免不得：动词。免不了：在这个问题上他们的看法分歧很大，免不得有一场争论。 5. 靠得住：形容词。可靠；可以相信：这个消息靠得住吗？|这个人靠得住，这件事就交他办吧。

　　通过词典用例情况考察，我们可以看到，从总体用例情况上分析，动补式复合词中双音节居多，三音节数量极少；而且构成动补式复合词中的后一个语素基本上都是具有不及物义的动词性成分，语义往往虚化，多体现为一种状态义的特征，构成的动补式复合词基本都是动词，也有同时兼有动词、形容词性的。在我们考察的现代汉语动补式复合词里，有的是由"动作方式+结果"成分构成的；有的是由两个古代汉语中不同的结果

动词复合构成的。还有一些动补式复合词保留有古代汉语遗留下来的"使动"义，但是保留"意动"义的在动补式复合词考察中还不多见。

第一，在动补式复合词中，单音节补语性成分中动词性成分占多数，这类补语性成分在古汉语中多为动作—结果义、动作—趋向义的单音节动词。所以这一类动补复合词在形式上黏合也最为紧密。例如：

（1）看见：动词。看到：看得见|看不见|从来没看见过这样的怪事。

（2）看破：动词。看透：看破红尘。

（3）看上：动词。看中：看得上|看不上|她看上了这件上衣。

（4）看死：动词。指把人或事看得一成不变：要看到他的进步，别把人家看死了。

（5）看中：动词。经过观察，感觉合意：看得中|看不中|你看中哪个就买哪个。

（6）看穿：动词。看透：看穿了对方的心思。

第二，单音节补语性成分中形容词性占相对少数，这类形容词成分情感表现义不突出，多是对动作状态的变化情况做出说明，动态变化义较为明显，而主观情感体现义较弱。例如：

（1）看齐：动词。①整队时，以指定人为标准排齐站在一条线上。②拿某人或某种人作为学习的榜样：向先进工作者看齐。

（2）看轻：动词。轻视：不要看轻环保工作。

（3）看重：动词。很看得起；看得很重要：看重知识|我最看重的是他的人品。

（4）看淡：动词。①（行情、价格等）将要出现不好的势头：行情看淡|销路看淡。②认为（行情、价格等）将要出现不好的势头：商界普遍看淡钟表市场。

第三，三音节动补复合词主要由"得""不"构成，例如，看上去、看得起、靠得住、靠不住、免不得、免不了等。其中四例是形容词，靠得住、靠不住、划得来、划不来，其余都是动词。

其次，我们在对《汉语动词—结果补语搭配词典》的考察中，发现这种黏合式动补语结构与动补式复合词在组合成分的构成选择上形成了互补分布关系，详细用例情况可见文后附录2的总结。其中，动作—结果补语形成的动补黏合式结构以补语为形容词的成分居多，无论是单音节形容词还是双音节形容词做补语成分的数量都远超过动词做结果补语成分的数量。而在动补式复合词的构成中，则是具有不及物性的动词性成分构成结果说明成分居多。

另外，我们对文学作品中使用的由"得"字构成的组合式动补结构的使用情况进行了用例考察（详细用例情况见本文附表5的总结）。在介绍动补结构发展历程演变时提到过，表情状的动补"得"字结构在所有动补结构小类中创制和形成的过程最晚，同时也是吸纳各动补结构格式的构式义最多的一类。

因此，在现代汉语动补结构发展演变过程中，动补式复合词、黏合式动补结构和组合式动补结构在共时条件下逐渐形成了一个以黏合式动补结构为核心的连续统，越靠近左侧构成成分之间的黏合性越强，形成动补式复合词，越靠近右侧构成成分之间的离散性越强，主要是由助词"得"构成的短语作为构成成分。据此，现代汉语结果范畴在共时层面的话语序列呈现方式上主要表现如下：

动补式复合词<黏合式动补结构<"得"字组合式动补结构

学者余健平（1957）在《使成式的起源与发展》中谈到使成式萌芽期的周秦时代在语法构造上就具有多样性，它来自副动结构、连动结构、并列结构和主谓结构的逐步发展和定型，因此从其产生之初来看，动补结构就是一种新创的语言结构形式，而且语言要素的变化常常是人们一方面要求语言形式经济，另一方面又希望表达的内容明显的双重影响的结果。因此形式经济性要求与含义明确性要求相辅相成，互为因果，这是汉语语言结构向前发展的一个重要规律。另外，董秀芳（2002）、石毓智（2003）等学者在研究中将动补结构的发展变化看作是受汉语双音节词汇化发展的影响，我们认为，上述学者的看法，是从社会交际和语言自身发展变化的双重需要揭示出的动补结构发展变化的影响因素，这些观点也启示我们在动补结构研究过程中应注意其在产生之初就体现出的构造上的多样性特点，因此在其结构逐渐稳固定型的过程中也应是同样伴随着由上述双重需要制约导致的不断发展变化的特点。

由于"达成"和"完成"两类结果事件语义结构都涉及动补结构词汇化的符号表征形式，所以动补结构词汇化的发展演变对两类事件构式中结果范畴事件语义范畴具有表征、规约和固化的作用。因此，我们对动补结构发展演变历程进行了概述总结。

（三）动补结构的发展演变历程

从动补结构形成的历时发展演变过程上看，动补结构内部各分支小类具备了一脉相承的历时发展演变的渊源。刘承慧（1991）把动补结构的形成和发展演变大致分为三个阶段，第一个阶段是使成式或称"动结式"形成期，在南北朝（公元6世纪）以前；第二个阶段是动补式形成期，处于唐宋间（7—12世纪）；第三个阶段是动补式发展期（12世纪以后）。

第一个阶段，战国到西汉之间特定的因果连动词组开始出现固化趋势，东汉以后表述使成因果的定型词组格式逐渐确立，使成式（动结式）由此创生。程度式产生较晚，南北朝时期的"切、绝、尽、彻"等动词常用于另一动词之后表示极度之意，在特定语境里近似程度补语，但衡量中古使成词组构成方式及唐宋时期动补式发展进程，中古时期不可能自然演变出程度补语，所以当时这些应看作是独立表述程度的谓语。同时，趋向动词为Vr的隔开式词组汉代已经出现，由此可知，趋向式成立不晚于结果式。在趋向式起源之际，趋向动词正如状态动词也是基于表述事件结果而出现因果词组Vr。又因为趋向Vr与中古时期典型Vr表现完全一致，可见中古时期趋向式没有分化的环境或条件。趋向式分化约在宋代发生。

第二阶段，唐宋时期动补词组已经略具现代动补结构的雏形，这是由使成复合动词后续发展及动补"得"字式创生共同促成的。有些使成Vr因在V$_1$共现的环境中不断引申，逐渐从独立表述的原动词分化，成为强制与V$_1$共现的结果Vc。这些经过引申的结果Vc有一定的抽象程度，和Vr性质不同。动补"得"字式产生发展是唐宋时期动补结构最重要的演变。唐代动补"得"字词组由中古时期两种带"得"动词组合并产生，在宋代不同来源的"得"字词组互动之下，形式变异发展到极致，繁复的程度超过现代"得"字式。唐宋"得"字式词组有结果、可能、情状三种含义。唐代"得"字式的基式为结果式，但在语境中时有引申。结果式表述已发生的事件，若用于表述未实现的事件则倾向引申出可能义。情状义也是基于结果式而衍生的，有些结果本有情状意味，可以说是结果情状，宋代结果情状又类推出纯粹的情状义。唐宋时期"得"字中"得"后成分从表述结果情状再到表述非结果情状，范围不断扩大；某些单纯的"得"后成分与前行动词复合，使得动补复合Vc的种类不断增加。复合式中程度Vc就由此产生。另外，动补复合动词约从唐代起就跟"被"字式结合，宋代又跟"将/把"结合，对于这种现象目前还没有很好的解释。由于"被、将/把"都是特定论旨角色的标记，这种现象或许跟动补复合论元结构脱离中古时期使成复合动词的限定有关。

宋代以后动补结构进入演变的第三阶段。宋元时期能性式与情状式已经开始分化，到明代前后程度式又从情状式中分化出来。换句话说，宋元时期除了程度式尚未正式分化，其余的动补支系雏形都已经大致完备。明清时期变动只在于结构本身的调整。唐宋时期动补复合式与"得"字式都来自因果动词组，而现代汉语情状、能性"得"字式与动补复合词又都来自唐宋时期，一脉相承的渊源已经由过去诸多研究得到证实。

上述对于动补结构形成的历时发展演变情况进行了说明，广义的动补结构内部各小类之间具有一脉相承的历时渊源关系，因此彼此之间是有联系的，而且表示因果联系的使动式（动结式）较早创生，其他小类又都不同程度受动结式结果含义的类化影响，今天我们看到的复杂多样的动补结构大类内部各小类结构形式是随着时间先后发展演变成熟的，只是我们在共时层面下较少察觉这种历时变化的顺序。对语言使用者来说，动补结构作为一个结构大类或者说一个语法格式的集合，在汉民族的日常言语交际中被长期使用，因此已经成为一种能产性很强的结构形式。

从上文结果范畴的语义表征形式发展变化上看，结果要素成分在符号表征形式上多与动词成分紧密结合，在古汉语中多数使用含有结果义的单音节动词形式表征，在现代汉语以双音节动词形式为主的词汇化模式中，结果要素成分一般在动词后伴随动词出现，形成动结式的符号表征形式。

从结果范畴的实际话语实现方式上看，语言学界一般是将其称为"结果补语的句法成分"，它的句法分布位置也相对比较固定，出现在动词之后，表示言语主体对动作行为或事件结果状态的说明。从动补黏合结构到组合结构的实际话语呈现方式具有多样性的语言使用特征。以往我们多是在句法结构的语法分析层面进行讨论，忽视对动补结构在复合词、黏合结构、组合结构进行两个维度的分析研究。一个分析维度是立足结果范畴的事件语义构成要素层面的分析；一个分析维度是立足结果范畴相关要素进入实际的话语使用层面的分析。在语义层面上是对事件语义结构要素表征形式的分析；而在话语使用层面，是基于说话者交际意图实现的功能维度，由于说话者要实现的交际意图是多种多样的，所以结果范畴实际的话语实现方式就必然表现出这种多样性、动态性和个性化语言使用特征。以往我们对于动补结构的传统研究，由于没有区分出这样两个分析层面，笼统将动补结构放在句法结构上进行分析，然后再从语义上区分出补语语义类型，这样我们对于动补结构的理论认识一直是割裂的、孤立的，最终也没有能够清楚区分出各个不同类型的句法表层结构形式实际上对应的是结果范畴在话语使用层面呈现出的语言使用特征。而说话者之所以能够实现多样化的话语呈现方式（短时工作记忆系统），也在于在大脑长时记忆工作系统中存储着人们对于不同类型结果事件语义结构的认知图式和语义表征形式（单音节动词—动结式的词汇化表征形式变化）。

第二节　结果范畴的事件语义功能及语义特征

一、结果范畴的事件界化和指称功能

（一）对事件的分割界化功能

以达成事件为例，上文我们已经提到，所谓达成事件框架主要反映的是一种动作状态的变化事件，典型的达成事件主要强调该状态的瞬间完成，所以在达成事件框架下，结果范畴在语义上主要是用来描述事件参与者受该动作事件的影响后的状态瞬间变化状况，并以此作为该达成事件的一个结点，起到对该事件的分割界化作用。

因此，根据结果事件中充当结果范畴的成分是一个任意终止点还是一个自然终止点的不同，可以将结果事件分为两类，一类是有任意终止点的结果事件，多属于达成事件框架下的结果事件；一类是有一个自然终止点的结果事件，多属于完成事件框架下的结果事件。表现在句法结构形式上，充当该结果范畴的句法结构成分也不同。其中可以为达成事件提供一个任意终止点的句法组合形式最为自由，大多数动结式的动补结构形式都可以为实现该事件功能服务；而为结果事件提供一个自然终止点作用的主要是一些语义虚化的"唯补词"，多类同于学者玄玥（2017）提出的"完结"语义范畴。与为事件提供自然终止点的句法成分不同，充当任意终止点的动词或形容词成分，往往多保留了自己的词汇意义，在语义指向上多指向该事件的参与者，而充当该动作事件自然终止点的结果范畴成分在语义指向上多指向该动作动词，在该动作变化事件框架中，指示的是该动作事件经历了一个时间过程处于最后一个结束阶段，趋于一个自然完成的结果，所以充当该类成分的动词在语义上逐渐虚化，语义单一、泛化，渐渐失掉了实词意义，在句法语义功能上越来越向完成体助词靠拢。

另外，在达成事件框架下，这些提供任意终止点的结果范畴成分，在

语义指向上往往指向的是该句法表层的主语成分或宾语成分。通过语料考察，我们发现含有这类结果范畴的语句由于言语交际的经济性和交际中需要传递新信息的制约作用，在句法表现上具有以下突出的特点：一是语句形式短小，二是话题句突出，三是往往传达出乎意料的结果信息、非说话者意愿的信息或者是表达说话者想要实现的目标信息。例如：

（1）菜都炒煳了，还不赶紧把锅端下来！

（2）你怎么把鸡蛋都煎煳了？

（3）离炉子远一点儿，别把衣服烤煳了！

（4）先把糖熬化，再蘸糖葫芦。

（5）赶紧把这些糖拿走，不然都烤化了！

（6）太阳一出来，地上的雪就全都晒化了。

（二）实现事件的类指功能或个性化指称功能

学者全国斌（2009）曾指出，复合词指称的是范畴的类别，黏合式结构指称的是次范畴类别，这种次范畴类别可以是一种具体的事物、一种具体的行为或者一种具体的性状等，而组合式结构指称的则是一种个体，包括个体的事物、个体的行为或者个体的性状等不同情况。在两类事件句法呈现方式选择上，结果范畴普遍采用动补结构的句法表达策略，其中黏合式动补结构（动结式）使用频率较高，而使用频率越高，就越容易激活理想化的动作—结果事件的认知框架模型，短语结构形式就越容易发生词汇化现象，便于实现其作为一类事件的类指功能；由"得"构成的组合式动补结构，往往用来传递说话者描述的具体事件情境下发生的不同结果状态，也就是说话者所要提示听话者注意加工的结果事件的感知视角不同，上文已经谈及，这是一种近距离观察视角，是说话者自身主观感受到的信息，希望听话者做出同样的注意和解读，所以主要用来实现个性化结果事件的指称功能。因此，结果范畴的句法结构表征形式不同，实现的指称功能也有差异：一种是实现事件的类指功能，另一种是实现事件的个体化指称功能。这也是与句法象似性的认知原则相符合的。

文学语篇为突出不同情境条件下说话者感知的个体事件结果的不同

状态时，往往多利用结果范畴中"得"字组合式动补结构形式，这是由于"得"字组合式动补结构往往可以容纳更多的具体语用信息，所以"得"字动补组合结构是一种低水平的言语信息加工方式，传递信息的具体性、个体情境性的能力强；而动补式复合词是一种高水平的言语信息加工方式，传递信息的抽象性、共性能力强；而黏合式动补结构介于两者之间，在句法结构链的一端上，越是词语结构组合的黏合性增强就越接近动补式复合词，实现类指功能。另一端越是在临时情境下新形成的动补结构越接近"得"字组合结构，实现事件的个例指称功能，在语句表述上就需要提示更多的情境或背景信息，因为词语组合的新异性往往需要耗费更多的信息加工处理时间。如果说动补黏合结构由于黏合紧密容易次范畴化，从而便于作为指称一类动作行为或行为结果，那么动补组合式结构由于结构成分之间结合得较为松散，一般还需利用"得"字将前后两部分结构成分联系起来，所以是一种"去范畴化"结构，往往体现为对一个单独事件或状态的描述，因此在语句中就需要提供更多的情境信息作为信息损耗的补偿，从而方便言语交际的信息加工过程和提高交际效率。

上文我们在介绍动补结构发展历程演变时提到过，表情状的动补"得"字结构在所有动补结构小类中创制和形成的过程最晚，因此也是吸纳各动补结构构式义最多的一类。由于"得"后内容不同，所以指称的具体事件情境和结果各有不同，语句负载的情感色彩强度也有差异。对听（读）者来说，"得"字组合结构中，语句内容越丰富、细致，越接近事件的近距离观察视点，这样对于听（读）者来说，对于该事件的心理距离就越近，对事件的局部特征就更注意；而语句形式越简短，词语负载的信息越抽象，该事件的观察视角越远，听（读）者对于事件的心理距离就越远，对事件形成的是一个宏观整体印象。所以结果范畴中黏合式结构或组合式结构一方面完成的是类指或个体指称的功能，同时也可以作为一种语用调节机制，为实现不同的语用效果服务。

比如下面剧本中的用例（具体出处、页码见文后附录5），同样指称的是一个"生气"的结果事件，由于说话者的观察视角不同，结果事件描述的详略度不同，对于听话者来说心理距离就不同，具体体现在"得"后结构内容安排的不同，所以听话者体验到具体情境的主观感受强度就会各有不同。

（1）贞贞脸气得发白："下了雨你就可以胡说八道吗？你忘了你对我说过的话……"

（2）罗小姐气得直哆嗦："我阴阳怪气？！好啊，你好大胆子！你以为你是谁？我说你一句都不行吗？"

（3）苏菲气得直翻白眼。

（4）彭丽华气得鼻孔往外出气，不理皮特。

（5）彭丽华呆呆地站在客厅里，气得眼里有泪水。

（6）面对着背面的余思华，陈爱华气得再也说不上话来。

（7）余思华气得把电话摔了下去。

（8）余思华气得两眼直冒火星。

（9）陈爱华手指着方子正，气得身子发抖。

（10）陈爱华气得脸色发青。

（11）阿亮气得跺脚，满脸的失望和无奈。

二、结果范畴在达成事件中的特征义

（一）表达瞬时性结果

通过我们对王砚农等学者编著的《汉语动词—结果补语搭配词典》（1987）中出现的由单音节动词、形容词补语构成的动补黏合结构词组进行的考察，我们发现，由V_1+V_2构成的结果补语构式主要表示的是一种瞬时性的状态变化结果事件，这种状态变化结果的出现可能是由事件参与者导致客体出现的一种瞬间变化情况，也可能是由参与者通过某种动作行为导致自身出现的状态改变事件，所以状态结果的变化也预设了事件前该主体或客体是不具备这种状态的，状态的改变隐含了事件前后状态的对比关系，这种状态的变化一般具有瞬时性，是一种突变性的行为导致的状态结果。

（二）隐性致使关系义

与达成事件先后发生的时间顺序和动作—结果事件的紧密性相对应，表现在句法结构的组合形式上，V_1、V_2的结合比较紧密，由于该结果补语在句法组合上是由V_1+V_2（或V+A）构成的，所以学界在研究中将其看作是一个有使因事件和结果事件经过整合而形成的一个复合事件（有学者也称之为宏事件）：

一个宏事件 = 使因事件 + 结果事件

施春宏（2003）指出，动结式代表的是两个因果关系的子事件所构成的一个复合事件，两个子事件之间存在着一种致使关系。我们通过用例考察，由于不同于句法结构形式上有显性的"使、叫、让"等强致使义的句法结构标记的形式手段，由V_1+V_2构成的结果补语构式往往表达的是一种隐性的致使关系义，所以该类结果范畴可以看作是在达成事件框架下形成的具有隐性致使关系义的结果补语构式。这也是该结果补语构式具有的典型构式义——隐性的致使关系义。

关于这种隐性致使关系的探讨，褚鑫（2016）认为，致使—结果意象图式源于致使—结果范畴，致使—结果范畴表示的是致使—结果事件的集合，这一范畴的建立首先源于人的身体经验，人类在与客观世界的互动过程中，经常会发现一物作用于另一物从而使另一物产生相应变化的现象，进而产生一种有关力的"驱动"的经验认知模式。而致使—结果范畴的基本句式就是动结构式所对应的句式，动结构式直接对应致使—结果意象图式。

目前，在学界对于动结式等相关问题研究中，有很多学者持上述类似的观点，施春宏（2007）在谈到动结式的语法意义时认为，从王力先生（1943）提出"使成式"的概念起，一般都认为典型的动结式表示的是致使关系，现在人们已经逐步认识到动结式只是表达致使范畴的句法形式的一个类型。一个致使—结果事件主要包括四个构成要素：致使者（力的来源、力的传递者，也称为致事）、被致使者（力的承受者、接受者，也称为役事）、致使方式（导致被致使者产生某种结果的作用力）和结果（被致使者发生了位移或变化）。如果用XP表示使因事件的语义结构，用YP表示补语动词表示的语义结构，Y表示YP中的主体成分，RP代表YP的述谓部分，那么一个致使—结果事件一般可以就可以描写为以下过程：

（1）［XP］致使［YP］

（2）［XP］致使　［Y RP］

而在致使—结果事件的这四个语义要素中，致事的来源和性质是最复杂的，施春宏（2007）将其总结为五种主要类型：显性致事（施事）、隐性致事（受事）、非核致事（与事、工具、材料、方式、目的等）、外在（实体）致事和（内在、外在）活动致事。施春宏认为，虽然这些致事的来源不同但是都受到共同的语义约束："它必须作用于受使者产生影响（如状态的改变），越合乎规约，参与得越直接，影响的结果越显著，其成为合格致事的可能性就越大"。这样，这些致事成分在现实的语句表达实现能力上就形成一个"连续统"：

显性致事/外在致事/活动致事>隐性致事>非核致事

熊学亮等（2003），韩勇强等（2007）都对致使范畴的结构原型进行了研究，熊学亮等（2003）认为，致使概念的常规定义只注意到了致使的使动概念意义而忽视了致使较宽的哲学定义背景，故有着很严重的不足。在哲学中，致使被看作是"两个事件之间恒常的关系，只要前一事件发生，后一事件也必定发生"[①]。由此可见，哲学定义采取的是事件观而非动词观，这种对致使概念从事件角度界定的方法可以更全面地反映致使概念在语言中的概念化状态。韩勇强、李小华（2007）提到，典型的致使结构是一个直接操纵事件，并且它应该包含相互接触的且单一的施事和受事。单一事件、致使事件先于结果事件、能量传递。施事用意愿的行动通过工具直接作用于受事，受事经历了一定变化。因此，致使结构的原型中施事应该是人，通过其意愿作用于物（受事）；并且该结构是及物的。而典型的及物结构应该包含两个名词短语，一个是人，一个是物，人作用于

---

① 熊学亮.语言的ICM和语言研究的ICM［J］.复旦学报（社会科学版），2003（2）：134.

物，引发物的变化。人和物之间有直接的物体接触。人是能量的发出源，而物是能量的接收者。因此，人和物之间就具备了因果关系。

因此，致使结构的原型是及物性结构，它表述一个单一的简单事件，该事件包含施事（人）和受事（物），由于人的作用而引发了物的变化，在这个过程中发生了能量的传递，人是能量源，而物是能量传递的终点。

（三）结果范畴在语义上多指向事件的参与者

基于事件框架视角的分析也可以让我们重新审视汉语语义指向的分析方法，以往在补语的语义指向分析中，学者主要从补语是指向施事、受事或者动作过程来进行补语语义指向分析的，缺少从事件框架整体的认识视角进行相应阐释。

如果基于状态变化事件这一事件框架视角来看待补语的语义指向问题，那么在一个状态变化事件中，发生状态变化的事物处于该事件的前景信息位置，说话者由于观察视角和主观识解方式的不同，截取注意的状态变化的结果事件就会不同。因此，补语的语义指向不同，实际上反映的就是说话者对同一场景、事件的主观识解的方式不同。以往将补语语义指向分为指向句中或句外的不同成分，实际上通过整个状态变化事件——"达成"事件作为核心，就可以把补语的语义指向看作是指向一个达成事件的整体框架或者是该事件框架的不同构成要素成分，是对该事件整体或不同构成要素实现的注意视窗开启过程，这样就可以通过充当结果范畴的补语成分的指向不同，划分出不同的状态变化的结果事件。如以下几种情况。

第一，补语指向的是事件参与者状态的变化，包括事件主体或客体状态的变化，这是达成事件使用结果补语的典型句法使用的规则形式。例如：

（1）今天的菜太少，我没吃饱。

（2）她是让昨天的大雨浇病的。

（3）他一下把气球吹爆了。

（4）这个圆圈儿画扁了，再重画一个！

第二，补语可以指向的是事件工具状态的变化情况。例如：

（1）刚磨的刀怎么使了几天就使钝了？

（2）这把刀用钝了，你拿去磨一磨。

第三，补语可以指向的是事件发生处状态的变化情况。例如：

（1）阳台上摆满了花盆。

（2）她的眼睛里含满了泪水。

（3）小学生在桌上划满了横七竖八的道子。

第四，补语在语义指向上还可以是整个事件，这时候多采用重动句的句法表达策略。例如：

（1）他熬夜熬惯了，常常是白天休息夜里工作。

（2）他吃惯了辣椒，顿顿饭菜里都想放。

（3）搬东西时，他使劲儿使猛了，把腰扭了。

（4）我等车真等腻了，咱们干脆走回去吧！

三、结果范畴在完成事件中的特征义

汉语的动作完成事件也是选择动补（宾）结构的句法表达策略，在动作完成事件框架中，可以有两种认知观察视点的凸显。

一是关注整个动作事件的完成情况，这主要是以动作事件内部作为观察视点来看待事件的动作过程阶段，即关注动作事件的最后完成阶段，以此来凸显整个事件的完成。

二是通过该动作事件完成后，伴随产生的一个新事物，这个新的事物或者结果是动作事件之前不具备的，也就是以动作行为事件结束后产生出来的新的事件结果作为该事件的外部观察视点来凸显该事件的完成。

对于完成事件的语料考察也说明了这一点，只是这类完成事件不同于状态变化结果事件，典型的状态变化事件突出的是该事件的瞬时性特征，上文我们曾经谈到，状态变化事件的突变性强，所以从事件结构的空间性特征上看，就不如一个时段结果事件往往可以通过凸显事件的时段时间词语、事件的完成义动词、事件变化过程后新出现的事物等共现搭配组合，达成事件主要是集中在动作事件导致的事物状态前后的变化结果上；而典型的完成事件一般主要突出该动作事件是经历过一段时间后才完成的，所以是通过指示事件最后一个阶段的完成情况，来说明这是一个时段事件，不是一个时点事件，这是在完成事件框架下结果范畴形成的整体事件义。在句法使用上，通过一个语义虚化、常常用来表示完成义的"唯补词"成分，作为这里的补语性成分置于主要动词之后，后接名词性的成分作为结果宾语，成为某一类变化事件后出现的新事物、新产品等，这个补语性成分其实在话语序列出现时就起到了一个延时停顿的作用，充当了一个想象中的时间序列阶段，通过这种虚化义的补语性成分作为中介，使结果事件的时段性特征得以在句法表层上呈现出来。具体来说，就是在这一事件语义框架中，动作完成事件主要涉及参与者对于事件最后阶段的凸显方式不同：一种是要凸显整个动作的完成义，另一种是要凸显新的事物结果的出现义。

（一）具有显性的事件"完成"义

上文我们已经谈到，汉语的动作完成事件也是选择动补结构的句法表达策略，在动作完成事件框架中，可以有两种认知观察视点的凸显，一是关注整个事件最后阶段的完成情况，这主要是从事件内部观察视点来看待事件的过程阶段，即关注事件的最后阶段，以此来强调凸显整个事件的完成；二是凸显通过主体动作事件完成后，伴随产生的一个新事物，这个新事物或者结果是动作事件之前不具备的，而是经过一段时间，伴随着该动作过程的结束，通过该动作行为事件产生出来的新的事物结果。所以，在完成事件框架下，可以形成两类次结果事件话语序列呈现方式。第一，如果凸显动作事件的最后完成阶段，则该话语序列的形式与结果补语句法使用形式相类似，但是该结果事件一般不具有瞬时性特征；如果要突出新的事物/实体，则往往使用结果宾语句法共现形式。二者利用的补语性成分多具有"完成"义虚化语义特征，这是与该完成事件框架中结果范畴实现的事件自然终结点的界化功能一致的。例如：

（1）经过两个多月的努力，这件事情终于办成了。

（2）他们两个人的婚事还是我给促成的呢！

（3）历史上凡是要干成一点事业的人，总是要付出巨大代价的。

（4）这幅画还没有画成呢！

（5）这座大桥还有一个月就建成了。

（6）我本来打算星期天去公园，不料来了客人，结果没去成。

（7）那个徒弟的手艺还没学成，师傅就去世了。

（8）这个生物学家花了几十年的时间，终于研制成了这种新药。

（9）经过一个多月的努力，他的航模飞机做成了。

在以往现代汉语语法研究中，第一种情况的句法分析主要是在动补结构的研究中去进行的；而第二种情况主要集中在结果宾语句中去分析。我们认为，这两类次结果事件的话语呈现方式实际上都涉及我们对于动作完成事件的认识，只是说话者凸显的结果事件的观察视角不同：一个是动作事件的最后完成阶段，另一个是动作完成后新出现的事物，所以与达成事件框架下结果范畴的语义功能不同，这是在完成事件语义框架下两类结果范畴成员各自实现的不同语义功能。

（二）凸显结果事件的时段性、过程性特征

对于完成事件的语料考察也说明了这一点，只是这类完成事件不同于表示状态变化的结果事件，典型的状态变化事件突出的是该事件的瞬时性特征，主要是集中在动作事件导致的事物状态前后的变化结果；而典型的完成事件一般主要突出该动作事件是经历过一段时间后才完成的，所以是通过指示事件最后一个阶段的完成情况来说明这是一个时段变化事件，说明该事件不是一个时点变化事件，这是在完成事件框架下结果范畴形成的基本事件义。具体来说，就是在这一完成事件框架中，动作完成事件主要涉及动作的最后阶段，要凸显整个动作的完成义。为了突出这种时段性、过程性特征，往往在该结果范畴实现的话语形式序列中利用相应表时段的词语与表完成义补语成分共同搭配使用。

（1）经过两个多月的努力，这件事情终于办成了。

（2）这座大桥还有一个月就建成了。

（3）这个生物学家花了几十年的时间，终于研制成了这种新药。

（4）经过一个多月的努力，他的航模飞机做成了。

（5）我昨天把结婚证办好了。

（6）工兵已把桥架好了。

（7）圆筒他已卷好了。

（8）她终于磨到了一张休假条。

（9）树叶渐渐地变成了黄色。

（10）我昨晚考虑出了一个更好的方案。

（三）结果范畴成分在语义上多指向动作动词

在由完成事件框架形成的结果范畴表达式中，结果范畴成员中的结果体成分，出现在该表达式中主要动词与结果宾语成分之间，所以主要有两个语义功能，这里我们主要着眼于其与该事件中主要动词的黏合关系，这类结果体动词主要起到为动作变化事件提供自然终止点的界化作用，在观察视角上多选取该动作变化事件的最后完成阶段，这类动作变化事件的结果是符合说话者心理预期的，所以这类结果体成分在语义上多指向动作动词，而且这些结果体成分虽然不同，但是语义虚化后都表示事件的完成义，这也是与这类结果范畴成分的主要语义功能相适应的。

例如，下面例子中的"好""上"等在语义上都接近于"完"，主要指向的就是动作事件的自然终结点。

（1）他把被褥裁好了，准备送去洗。

（2）你把炒好的菜端到桌上来吧！

（3）刚才他因为跟孩子生气，连饭都没吃好。

（4）这座新建的楼房玻璃还没安上呢！

（5）工人们几天的工夫就把暖气管都安装上了。

（6）晚饭前保姆把碗筷都摆上了。

（7）听完了她的述说，大家都感动地流下了热泪。

第五章　达成事件中结果范畴的话语实现

第一节　词典语料使用情况考察

一、词典语料的编排情况

王砚农等学者编著的《汉语动词—结果补语搭配词典》（1987）是一部实用性的语言工具书，这部词典编写的主要目的是帮助学习汉语的外国学习者可以更好地理解和掌握汉语中存在的"动词—结果补语"这一独特的表达方式，因此这部词典中提供的例句主要是从报纸、杂志、小说、剧本、电影和日常口语中收集整理出来的，在日常生活领域使用比较广泛，这些话语也是以口语化的日常生活交际为主。

该词典共收集了322个经常作为结果补语使用的形容词、动词等，并且在词典所列的每一个词条下面都尽可能列出了能与该词条搭配使用的动词和少数形容词，并附上了在日常生活中所使用的例句，整部词典共有例句5 000个左右，并且对例句中较生僻的词语列出了相应的英文注释。

这部词典提供的语料便于我们观察人们在日常交际中使用动词—结果补语的话语系列呈现方式情况，上文我们曾经提到，我们将这类由动词和结果补语成分共同构成的话语系列呈现方式称为"结果补语构式"，这类结果补语构式的基本构式义是指该结果事件处在达成事件的框架下具有瞬时性、突变性和隐性致使义。

因此，在这类表征达成事件的结果补语构式中，结果范畴的典型成员指的就是其中的表示瞬时变化义的结果补语成分，但是在实际的言语交际过程中，由于说话者要实现的交际意图是多样的，所以这类构式中的结果补语成分具有多样性的构成形式特征，主要包括单音节的形容词和一些表示非自主义的动词，另外还有双音节的形容词和动词形式，在句法结构形式上主要是以动补结构句法组合形式为主，以往学界对这类构成成分的研究主要是从动结式或者结果补语的角度考察其性质特点，我们在这里把这类表示瞬时突变义的结果补语成分看作是达成事件框架下结果范畴中的典型成员，而远离该典型范畴成员的边缘成员，主要指的是由表示状态义或者评价义的结果补语成分构成的结果范畴成员，这类成员的短时义和突变义较弱，而突出其状态义和评价义。这说明，由于说话者的交际意图不同，结果范畴在实际说出的话语系列形式上就具有不同的形式特征。

我们在结果补语构式的句法环境中，通过考察补语成分构成情况和单音节补语成分的句法使用特点，总结典型结果范畴成员在该达成事件框架下实现的句法语用功能。

二、补语成分构成情况

我们对该词典中使用的结果补语成分进行了考察，该词典共收322个经常作为结果补语使用的形容词、动词及少量的词组。其中，形容词作结果补语占多数，且主要以单音节形容词为主，动词作结果补语同样以单音节为主，见下表4（词典的详细用例考察参见文后附录2）。

表4　结果构式中补语成分的构成情况举例

结果补语的词性	音节数	词典用例
形容词	单音节	矮、白、薄、扁、瘪、惨、草、差、馋、长、潮、重、抽、稠、臭、蠢、粗、错、大、呆、倒、低、短、对、钝、多、烦、反、肥、干、高、光、好、黑、红、厚、花、滑、猾、坏、慌、黄、浑、活、火、急、尖、紧、尽、近、精、净、久、旧、渴、空、苦、垮、快、宽、固、烂、老、冷、凉、亮、聋等。
	双音节	饱满、成熟、充分、到家、端正、丰满、复杂、干净、高兴、过火儿、过头、寒心、糊涂、花心、灰心、机灵、寂寞、尖锐、简单、结实、紧凑、精确、具体、均匀、宽敞、利害、利索、迷糊、明白、模糊、暖和、便宜、平均、平稳、齐全、清楚、清醒、确实、舒服、顺口、顺手等。
动词	单音节	爆、崩、绷、病、残、沉、成、出、穿、串、倒、到、得、掉、定、丢、懂、动、断、飞、疯、服、过、会、昏、进、开、哭、落、愣、裂、漏、没、蒙、灭、恼、怕、跑、赔、披、破、起、瘸、洒、散、伤、上、折、输、撕、死、睡、碎、塌、通、完、下、响、笑、醒、赢、砸、炸、着、住、转、走等。
	双音节	残废、岔气、出圈儿、出神、到底、到手、到头、嘀咕、颠倒、活动、就绪、趴下、入迷、散架、上当、上瘾、习惯、厌烦、走调儿、走样、走嘴等。

三、单音节补语的使用情况

由于单音节结果补语成分与动补结构中动词结合最为紧密，所以我们以单音节动词和形容词作为主要考察对象，对该词典中使用的单音节动词、形容词补语用例的考察结果分类如下。

第一，在V_1+V_2构成的结果补语构式中，V_2是自主义动词时，词典中查找到"V+懂""V+会"两例，说明自主义动词在结果补语构式中较少使用，而且组合中也有使用的条件限制，说明在该结果事件中，一般情况下受影响者的行为不是参与者主动发出的，而是被迫承受的结果，是非自主条件导致的状态变化情况。

1. V+懂：搞懂、讲懂、看懂、抠懂、弄懂、听懂等

（1）能把这篇文章搞懂了，真不容易！

（2）给低年级学生讲懂这个定义，恐怕很难。

（3）我重复了几遍，他都没有反应，我想他大概是没听懂。

2. V+会：背会、教会、看会、练会、学会

（1）这书他只用一个小时就能背会。

（2）老师教会学生并不难，要是让学生都记住就不容易了！

（3）只用了两个星期，他就学会开车了。

第二，在V_1+V_2结果补语构式中，当V_2是非自主义动词时，词典中用例非常广泛，V_2中的单音节动词在词义上普遍具有典型的瞬时性、突变性等语义特征，而且在该结果构式中往往同时与"刚""一下子""一/刚……就……"等词语或词语组合结构形式搭配使用，以凸显造成这种结果事件状态的短时性。

1. V+爆：吹爆、晒爆

（1）他一下子把气球吹爆了。

（2）把自行车放在阴凉的地方吧，可别把车胎晒爆了。

2. V+崩：吹崩、说崩、谈崩

（1）他用力一吹，把气球吹崩了。

（2）他们两个人又说崩了。

（3）我和她刚谈了两三句话就谈崩了。

3. V+绷：剁绷、砸绷、凿绷

（1）注意点儿，别把排骨剁绷了！

（2）他砸核桃用力过猛，把核桃皮砸绷了。

（3）徒弟不小心，一下子把石像的耳朵给凿绷了。

4. V+灭：踩灭、吹灭、封灭、盖灭、刮灭、划灭、浇灭、掐灭、捅灭、捂灭、压灭

（1）她一口气儿就把几支蜡烛都吹灭了。

（2）酒精灯不用吹，用盖儿一盖就能盖灭。

（3）油灯放在窗台被一阵风刮灭了。

5. V+折：掰折、摆弄折、拔折、踩折、抽折、打折、扽折、缝折、刮折、剐折、铰折、撅折、勒折、扭折、弄折、碰折、劈折、敲折、撬折、使折、摔折、压折、咬折、炸折、撞折、坐折

（1）我刚削好的铅笔又让他给使折了。

（2）纸绳不结实用力一勒就勒折了。

（3）这么一会儿你就缝折两根针，你太着急了。

第三，在V+A结果补语构式中，单音节形容词大多数都可以出现在该结果补语构式中，通过对词典中使用的结果补语构式用例考察，我们发现，如果该结果构式中结果成分由形容词成分充当的话，往往还衍生出如下两种事件构式义。

其一，动作和结果事件之间虽然没有因果关系，但是后一事件是说话者对前一事件的主观评价，例如：

（1）那个棚子搭矮了，人都快进不去了。

（2）锦旗上的最后两个字绣矮了。

（3）这块木板刨薄了，不太结实了。

（4）褥子垫薄了，睡觉不舒服。

（5）饺子皮儿擀薄点儿，皮厚不好吃。

其二，在动作和结果事件中，后一事件是前一事件的自然结果。事件的自然结果多容易形成规约性的结果意象，上文我们曾经谈及，如果在句法表层中显性表现出来，就与说话者要实现某种特定的语用意图有关。例如：

（1）两年没见，这孩子长高了。

（2）秋天到了，树叶都变黄了。

（3）这几本书都晒黄了，赶紧收起来吧！

（4）他抽烟抽得太多了，手都熏黄了。

在对《汉语动词—结果补语搭配词典》的考察中，我们发现，这种

黏合式动补语结构与《现代汉语词典》（第7版）中常用的动补式复合词在构成成分选择上形成了一个互补分布情况，上文在结果范畴语言符号表征形式的发展变化中我们曾经做过总结。在《现代汉语搭配词典》中，动作—结果补语形成的动补结构以补语为形容词性的成分居多，无论是单音节形容词还是双音节形容词做补语成分的数量都远超过动词做结果补语成分的数量。而在动补式复合词的构成中，则是以具有不及物性的动词性成分构成的动补式复合词的补充说明成分居多，这说明实际出现的话语系列往往要帮助人们实现更为多样的交际意图，所以人们现实的言语交际意图不单是要了解不同事件语义类型作出区分，更多时候是通过事件结果来对该事件整体作出说话者的主观评价，表明其主观态度、体验以及对该事件的看法和观点。

第二节　达成事件中结果范畴话语方式及语用功能

一、形容词、非自主义动词充当结果要素成分

达成事件主要使用动补结构的句法形式，所以动补结构的发展演变及其句法呈现形式的发展变化对达成事件中结果范畴的表达具有表征、规约和固化的作用。通过上文对《汉语动词—结果补语搭配词典》中动词—结果补语搭配构成的黏合式动补结构的使用情况考察，可以看到，在达成事件–构式中结果范畴的构成成分主要是由形容词、非自主义动词充当的。

（一）V_1+V_2情况说明

依据马庆株（1992）对自主动词和非自主动词进行的分类，所谓自主动词在语义上指的是能表示有意识的或有心的动作行为的，是能由动作发出者做主、主观决定、自由支配的动作行为，一般是指狭义的动作行为；而非自主动词指的是表示无意识、无心的动作行为，即动作行为发出者不能自由支配的动作行为，用来表示变化和属性。

通过上文考察词典中V_1+V_2构成的结果补语构式，我们发现，在V_1+V_2结果补语构式中，前一动词成分多为自主义的及物动词，也就是动作动词；而经常充当状态结果补语的单音节动词，多数是不及物动词，是在语义上具备瞬时性、变化性、非自主义的动词。由前一动词指称的使因事件致使动作对象产生状态上的变化结果事件，具备隐性致使关系义，而且两个事件在时间上紧密相连，自主义动词较少能进入该结果构式中，调查结果表明：能够充当该构式的上字的构成成分形成了一个成分连续统：

自主动词>非自主动词>形容词

而能够充当该构式的下字的构成成分与上字正好形成了一个与此相反的序列的连续统：

形容词>非自主动词>自主动词。

上一小节通过我们对达成事件构式中V_1+V_2结果补语构式用例的考察，V_2中典型的非自主义动词如爆、崩、裂、折、垮、灭等，具备表征结果事件的瞬时性、突变性等特点，而且上文曾经提及，学者对于原型致使范畴结构的研究表明，典型的表达致使关系意义的应该是一个及物性结构，施力者是人，受力者是物，二者具有直接的受力面接触，通过施力作用，最终使受力者发生瞬间的状态改变现象。也就是说，在达成事件框架下，由典型的非自主义动作变化动词充当的结果范畴成员在句法语用功能上主要表征结果事件状态具有的瞬时性、突变性和隐性的致使关系义特征。

（二）V+A情况说明

对于达成事件中由形容词充当的结果范畴成分，学者张国宪（1995）考察后认为，动结式中单音节形容词大多数都能充当结果补语构式的下字，而单音节形容词中有80多个都是动态形容词，形容词在单用时一般表达的是性质和状态义，但是在动补结构中，由于经常与前面动词紧密相连，所以该动词也赋予了后面的形容词一种动态的变化义，也就是处于动作后期或者终点的意义。

根据此特点，张国宪（2006）从形容词大类中分化出可用于动补结构中的形容词，并将其单独归类称为"变化形容词"，认为变化形容词拥有一种异质的时间结构，可以有内在的自然起始点和终结点，多数变化形容词还可以容纳续段，所以特别适合表述变化事件。根据变化形容词在时间结构上是否占据续段，又可以分为瞬间形容词和延续形容词两个小类。瞬间形容词在时间上属于这种时间点结构，事件的起始点和终结点在时间轴上靠得很近，几乎重合，因此本身很难包容一个相对稳定的续段过程。现代汉语中，常见的典型瞬间形容词主要有：扁、错、臭$_1$、钝、反、干、坏$_2$、空、烂、累、破、酸$_1$、碎$_1$、歪、晚、圆、糟$_1$等。而延续形容词，比如：大、小、冷、热等，在时间上则具有明显的时段特征，也就是在新的性状发展变化时，往往含有一个渐变的续段过程，在句法特征上可以与表示持续体标记同现。由于变化形容词经常出现在动补结构中，是补语句法结构分布的位置义赋予了该类形容词时间性、达成性等动作变化义的语义特征，所以他提出应将其与形容词中的性质形容词、状态形容词区分开来研究。

学者张国宪上述关于变化形容词的研究具有很多值得借鉴的理论，有助于我们充分认识形容词内部各分支小类的功能和意义。上文已经提及，我们认同"事件–构式"框架模型的理论分析要点，变化形容词经常出现在动补结构中，与其说是动补结构中补语的句法分布位置赋予了经常处于该位置的形容词以变化达成义的语义特征，不如说是该变化形容词的语义特征受制于该达成事件框架整体的事件义的制约，是达成事件赋予了该事件基本构式义及构式内部构成要素的语义特征，这样就使进入该达成事件–构式中的形容词性补语成分临时具备了时间性、变化性等表征瞬间动态变化事件的语义特征，这也是进入该达成的事件框架中充当结果要素成分的变化形容词实现的句法语用功能。

二、为凸显结果义以话题句居多

刘晓林等（2012）曾探讨了为什么现代汉语发展成为话题优先型语

言，而古代汉语却不是话题优先型语言。由于汉语的话题化（含次话题化）具备极其广泛的构词法和句式基础，说明现代汉语主客体之间的对立不甚分明，可以相互转换，宾语较容易完成话题化操作而成为话题，这样的话题化操作是基于汉语的构词法、构句法和虚词的使用来实现的，因此现代汉语的话题化变得容易操作，所以成为话题优先型语言。

这一特点在我们对于结果补语构式的用例考察中可以明显看到，上文我们曾指出，日常口语交际中达成事件的结果补语构式句的语句形式较短，为突出结果事件涉及的对象和状态的瞬间变化情况等焦点信息，往往容易将其他相关事件信息背景化，由下面的例子我们也可以看出，在达成事件构式中，话题化的语言使用现象尤其明显，除了以受事直接作为话题，还往往通过被动句、"把"字句以及重动句等语用策略来凸显结果事件中事件状态发生的变化情况，使其占据句尾焦点信息的句法分布位置。例如：

（1）上次买的裤料裁坏了，只好又买了一块。

（2）刚买的录音机就让他给摆弄坏了。

（3）这堵墙垒高了，浪费了很多材料。

（4）这头猪喂了一个月就喂肥了。

（5）妈妈一天到晚唠唠叨叨，把女儿说烦了。

（6）小米粥熬多了，你们尽量喝。

（7）这一沓钱我数了三遍才数对。

（8）这份考题的填空我都填对了。

对此，戴浩一（1984）就曾指出，英语从施事的观点看成就动词的终点，而汉语则是从所及受事的观念看它。在同样的情景下，英语更关心谁做什么，汉语更关心发生了什么。汉语这种形成观念的原则清楚地表现在复合动词和语序中必须从语法上表示出事情的结果。借助于这种观念构架，我们可以把使动式看成汉语中给出施事意义的一种公开机制。

上文用例也说明，在现代汉语动补结构中，受事成分直接做主语是一种普遍的句法使用现象，所以我们将额外作为显性语法标记使用的

"把""被"和重动句等句法形式手段看作是一种为突出某种语用目的而采取的语用表达策略，这与句法的象似性和经济性原则的约束是一致的，复杂句式背后表达的往往是复杂的交际动因。

（1）她剥蚕豆剥了一上午，还不剥腻了！

（2）你怎么刚擦两下玻璃就擦腻了？

（3）最近整天抄稿子，真是抄腻了。

（4）我等车真等腻了，咱们干脆走回去吧！

（5）稻田里的麻雀被赶跑了。

（6）妻子被丈夫气跑了，三个月没回家。

（7）你的嘴可真厉害，几句话就把他说跑了。

（8）儿子也没说一声，就把爸爸的汽车开跑了。

当前学界对于"把"字句、"被"字句和重动句的研究成果非常丰富，通过我们对语料用例的观察，在动补结构的句子中，话题句的使用是一种普遍现象。受事成分成为话题，作为叙述的起点，不使用"被""把"的无标记结果补语构式是一种语言使用的常态现象，这种句法结构的安排也使事件结果状态的变化信息处于句尾焦点信息位置。比如：

（1）这批货卖赔了好几万元，损失太大了。

（2）墙上那张相片挂偏了，你往右挪一挪！

（3）你的书包怎么会弄丢了呢？

（4）衣服裁短了，留给弟弟穿吧！

（5）孩子的肚子都吃鼓了，别让他再吃了。

（6）这块玻璃安反了。

上面的例句都是受事成分成为话题，是句子叙述的起点，而含有"把""被"或者重动句等复杂句法结构形式的句子与这类常态受事话题句相比，突出了说话者主观上对事件因果关系的强调，作为一种有标记的句法结构形式，与结果补语构式的无标记句法结构形式相对应。因此，我们认为，将"把"字句、"被"字句和重动句等复杂句法结构看作是一种语用表达策略更为合适，因为直接使用上述无标记的结果补语构式本来就可以表示该达成事件的结果义，并且结果状态变化义已经占据句尾的焦点信息位置，但是使用了这些额外添加的复杂语法标记的形式手段，主要目的是在言语交际中实现说话者需要对该结果事件赋予的主观性的语用含义，所以学者沈家煊（2002）认为"把"字句具有明显的"主观处置义"，樊友新（2010）认为"被"字句突出强调受影响者的经历过程和变化结果，或者如学者将重动句结构看作一种双焦点结构等不同的看法和观点。

上文谈到事件参与者的认知识解能力时，我们同时还提及了Verhagen教授基于人类交际背景提出的说听双方具有的交互主观性建构思想，我们认为，这类复杂句法结构形式手段所要实现的正是说话者对于听话者进行认知协作的引导功能，将说话者对于事件之间因果关系判断推理后得出的主观感知体验信息传递给听话者，希望听话者也能作出同样的交际意图理解。因此，我们将上述"把"字句、"被"字句和重动句等特殊的句式看作是一种基于动补结构常态使用下进行的语用调节策略。

（1）她把头发剪短了，显得精神。

（2）他的力气可真不小，一下子就把那个木棍掰断了。

（3）真可惜，这么好的木料让他给锯断了，现在只能做别的用了！

（4）他的脚被大石头砸烂了。

（5）他熬夜熬惯了，常常是白天休息夜里工作。

（6）下班回来就洗衣服，天天如此，怎能不洗够呢？

三、规约性结果义中往往隐含特殊语用效果

上文我们曾经指出，由于结果补语往往需要提供新信息，也就是说，那些偶发性的结果信息更容易引起注意；而规约性的因果关系信息往往属于背景信息，在交际中应该是容易省略的或者隐含不需要明示出来的，这样有利于交际效率的提高。

通过对语料的考察，我们也发现，这些规约性因果关系的隐含信息在交际中显性使用时，往往还具备了某种特殊的语用效果，或者是为了表示

强调，或者是表达说话者的出乎意料，或者表示说话者提供的前后信息存在对比等关系，总之需要引起听话者注意，而且在句法结构表层使用中，为实现这种特殊的语用效果，这种规约性因果事件句的句法结构形式要比一般无标记的结果补语构式句更为复杂。

比如，在下面例（1）—例（8）的语料用例中，一方面在句法结构表层利用"打残、炸残、撞沉、长高、升高、举高、削干净、洗净"等黏合式动补结构表征了常规因果事件的结果义；另一方面，在句法结构表层又通过话题句、强调句、"被"字句或口语中常用的显性致使标记词"让"等复杂句法形式手段，引导听话者对于规约性结果义做出补充添加额外信息的加工理解，也就是说，说话者的语用意图除了要表明这是常规的事件结果义，主要目的是要让听话者知道为什么说话者要将这种规约性的结果义显性表达出来，这些额外使用的句法形式手段与动补结构表征的规约性因果关系是有直接关系的，说话者希望听话者能将二者明示的信息联系起来共同作为推理使用，从而达到说话者对于听话者所作的信息加工引导的目的，可以实现某种说话者需要突出强调的语用效果。

（1）他的腿是让坏人打残的。

（2）那次飞机轰炸，他的腿被炸残了。

（3）那条帆船是被一艘货轮撞沉的。

（4）两年没见，这孩子长高了。

（5）他的体温又升高了，看来病情有恶化的趋势！

（6）把手举高点儿，好让老师看见。

（7）苹果皮还没削干净呢，你怎么就吃了！

（8）这些衣服没洗净，得重洗！

也就是说，在上例（1）中，造成"打残"他的腿的结果的施事者，不是别人，正是那个"坏人"；在例（2）中，"炸残"他的腿的主要原因是"那次飞机轰炸"事件；在例（3）中"撞沉"那条帆船的施动者不是别的，正是那"一艘货轮"；在例（4）中看到孩子出现"长高"结果的现状，虽然这是一种自然结果，但是由于已经有"两年没见"了，所以说话者一下子会感到很突然，出乎意料；而在例（5）中体温又"升高"的结果事件是用来对比说明"病情有恶化的趋势"的事件现状，这是说话者不希望看到的结果，但是却要成为现实了；在例（6）中做出"举高点儿"动作结果的目的是希望发生"让老师看见"这件事情；在例（7）中由于前一动作变化事件中"削干净"苹果的结果事件没有成为现实，所以也就导致后一个"吃"的动作事件不应该出现，但是因为后一个动作已经出现了，所以说话者通过提示上述信息表达不满意的态度；例（8）与例（7）类似，由于衣服"洗净"这个原本希望实现的结果却没有得到实现，对于说话者来说，提出原来希望实现的结果状态并没有符合预期目标，就为重新提出需要"重洗"的动作事件又明示了一遍说话者希望达到的结果要求。

第六章　完成事件中结果范畴的话语实现

第一节　词典语料使用情况考察

一、结果格使用情况说明

《现代汉语动词大词典：人机通用》（1994）是一部全面描写现代汉语格关系的工具书，人机通用是该词典的一大特色。在该词典的序言中，清华大学计算机科学与技术系教授黄昌宁认为："从计算机对自然语言的理解或翻译来看，述语动词和形容词是句子句法结构和语义解释的中心。因此，如果一部电子词典中能对句子中的述语动词与其周围的名词性成分所发生的语义组合关系（格关系）作出详尽的描写，就可以大大提高自然语言理解系统或机器翻译系统的性能。在这个意义上，《现代汉语动词大词典：人机通用》的编辑出版对我国语言信息处理事业作出了开拓性的贡献"①。该词典在编排上主要依据的就是上文我们提到的美国语言学家菲尔墨（Charlds J. Fillmore）"格语法"的理论框架，根据句法格式，述语动词处于句子结构和语义结构的中心，动词在句法和语义上的组合特点，直接决定着句法构造的特征，所以该词典主要是对动词在不同格框架中的具体使用情况进行了举例和分类说明，标注统计结果有利于自然语言系统和机器翻译系统的使用。

---

① 中日合作MMT汉语生成组. 现代汉语动词大词典：人机通用［M］. 北京：北京语言学院出版社，1994：（序）1.

首先，由于我们主要考察的是该词典中动词与结果格搭配的使用情况，所以我们这里重点介绍这部词典中对于"结果格"含义所作的使用说明，对于其他格角色含义不作详细说明，在该词典所列的"使用说明"部分对此有详细的介绍和举例说明。该词典认为，这里所说的"结果格"具体指的就是事件所产生、引起或达成的结局。结果格与受事格的主要区别在于，"结果"是从无到有（比如：盖房子），"受事"是本已具有存在的（比如：修房子），这样，"结果格"这一格框架中的语义角色就是现代汉语语法中经常讨论到的结果宾语成分。

其次，该词典将与结果格共现的"把、将"等介词看作是结果格使用的格标。主要有两种情况：

第一，不带格标的。例如：

（1）他们正在写（信）。

（2）我跑了（一身汗）。

（3）他吃了（满嘴油）。

第二，有时可以带格标"把、将"等的。例如：

（1）工人们（把大桥）架起来了。

（2）两个车间（把输赢）先比出来。

一般在谓语后能加"成、出"等，例如：

（1）他写成一篇论文。

（2）他做出了（突出的成绩）。

我们主要是考察该词典中述语动词与之搭配共现的结果格的具体使用情况，尤其是要集中考察结果格及与其共现的补语成分的搭配情况，因为这不但有利于我们充分观察在这类结果宾语构成的汉语句式中，与结果宾语搭配共现的补语性成分的使用规律和特点，也有利于我们重新审视以往学界对于结果宾语、结果语义格等结果范畴问题的研究成果。

最后，该词典把动词能带的"格"分为两类，一类是必需格，一类是可选格。所谓动词的必需格指的是足以描写某个动词格关系特征的必不可少的语义格角色，换句话说，必需格不但可以与动词搭配，而且必不可少，缺少了它，就会影响语义的自足性。例如：

（1）我削了苹果。

（2）主任住在车间。

在上面第一个例句中，我、苹果，一个是动作施事、一个是受事，都是必需格。主任、车间是后一个句子的必需格。而可选格是指虽然可以与动词搭配，但是缺少了它并不影响语义的自足性。例如：

（1）我用刀子削了个苹果。

（2）除了小华班里的人都去抬水泥了。

在上面的例句中，第一个句子的刀子、第二个句子的小华，就是一个可选格。但是怎么算是影响和不影响语义的自足性问题？是从句子的表层结构上区分，还是在深层语义结构上区分，词典却没有对此做进一步的说明。由于当时现代汉语学界还没有在语法研究中引入事件语义结构分析的模式，所以对于必需格与可选格学界讨论很多，但是却没有较为一致的看法。那么，引入了事件语义结构和事件层级建构的理论分析模式，我们就可以对此作出说明，对于必需格和可选格应该着眼于事件的语义结构，而不是句子的表层结构，因为句子表层结构出现的事件要素成分都与要激活的该事件语义结构整体有关，是该事件的语义构成要素成分，不能简单地从必需格、可选格角度来分。确切地说，应该是所有事件都共有的事件语义要素，如事件主体、时间、空间、事件类型这些事件语义结构的共有要素，也就是说，这些事件的基本构成要素是在所有的事件语义结构中都具有的共同要素成分。另外，涉及的具体事件类型不同，那么该事件的具体构成要素又会有差别，比如，一个制作事件语义结构，一般会涉及事件主体、时间、空间、事件类型、结果（成品）等构成要素，但是在实际话语实现方式上，可以说：我做了一块奶油蛋糕；也可以说：这块奶油蛋糕，我刚才做的。在这些话语实际呈现的方式选择上，制作事件的事件主体、事件类型、事件成品要素都出现了，还有成品数量、事件时间等要素也出现了。而在一个存在事件语义结构中，会涉及事件主体、时间、空间、事件类型这些共有要素，其中空间要素，也就是地点（处所、环境）要素更为重要，因为存在事件的整体事件义就是指某地存在（有）某物，比如，桌子上有一杯茶；墙上挂着一幅画。在这两个句子中，事件主体（茶、画）、事件类型（有、挂）、空间要素（桌子上、墙上），而在第二个句子里还隐含了这幅画的存在方式（挂）。也就是说，在话语实现的句法表层中出现哪些事件语义构成要素以及语法符号的线性排列组合顺序，取决于说话者的意图和说话者希望听话者注意哪些焦点信息。

这些事件语义结构及其符号表征形式作为长时记忆系统中的语义网络知识一起储存在人类大脑认知知识系统之中。我们在现实言语交际过程中，只要使用能够激活该类事件整体结构的指称形式完成言语交际主体的现实言语交际意图就可以，所以现实言语交际中不是所有该类事件的语义构成要素都在话语交际层面出现。以往的研究由于我们没有区分出这两个层面，所以我们对于必需格、可选格就认识不清，将必需格更多看作了完句成分来解释，将可选格看作不出现也不影响句子完整的成分。由于没有真正将必需格和可选格都放在事件类型的语义构成要素层面去解释，应该首先离析清楚句法层面和语义层面是两个分析层面，所以对于必需格和可选格的解释也不明确。必需格、可选格应该是针对长时记忆系统中的事件语义结构的构成要素来说的（而不能只是着眼于句法表层的组合形式分析），是这些语义要素构成了该类事件。其次，着眼于现实的言语交际过程，也就是涉及人们短时记忆系统的信息加工过程，短时记忆工作系统在上文中我们曾讨论过具有两个最主要的特征是信息储存容量小、工作记忆时间短，所以现实言语交际要考虑到便捷、省力、经济，这是由人的短时记忆系统信息加工工作机制决定的。所以，选择了哪些事件语义构成要素来实现在话语形式层面上激活整个事件语义类型，或者说选择哪些要素用来指称这个事件语义整体，这与说话者言语交际时的交际意图以及要提示对方注意的焦点信息有关，而不是必需格就是构成句子的必需成分，离开它句子就不完整了；可选格不是构成句子的必需成分，离开它不影响句子的完整性。这样来看待必需格与可选格就没有真正区分出语义层面和语用层面，也必然会导致对于词典中基本式和扩展式认识不清。

另外，这部词典是将必需格和动词构成的格框架进行了统计归类，其中涉及结果格的有如下几个格框架模式。

第一，在二价格他动词（自主又及物的动词）格框架里：

（1）施事+V+结果。如出版、创造、发明、建立、建筑等。

（2）施事+V+受事或结果。如剪、捻、碾、劈、娶、剃、挖、凿等。

第二，在二价外动词（非自主而又及物的动词）、三价他动词格框架里：

（1）当事+V+结果。如产生、成$_2$（成为、变为）、开$_3$（舒张、分离）、落$_{6<2>}$（留下）等。

（2）施事+V+与事+结果。如安$_1$（加上）等。

二、补语性成分实际使用情况

在上文我们提出构建动态认知结果范畴观时，曾经谈到，基于以往学界的研究成果，我们是将这种由结果格成分构成的句子看作是结果范畴基于完成事件框架形成的一类事件，这类句式的基本构成成分主要是由动词、结果范畴中具有虚化义的补语性成分以及结果宾语作为其中的主要句法成分来共同构成的（为便于说明与上文的结果补语构式的联系与区别，我们这里简称为"结果宾语构式"）。我们将这类句式中使用的补语性成分和结果宾语成分都看作具有不同事件功能的结果范畴中典型成员，其中的结果宾语成分主要是充当该动作变化事件中经由该动作过程完成后新出现的一类实体要素的结果要素（成品要素）；而其中与之搭配的语义虚化的补语性成分既起到了指示动作处于最后阶段的完成义，又起到了提示不同实体结果要素的分类作用，或者说这类结果宾语构式中出现的补语性成分主要起到了类似于索引词和连接词的中介和过渡作用。从补语性成分出现的基本句式使用上看，一方面，它的句法分布位置处于动词后，这类补语性成分语义虚化后多表示完成义，它表明了该动作过程已经处于结束或完成阶段；另一方面，它的句法分布位置又位于结果宾语前，表明新出现的事物结果成分的类别不同。另外，从交际过程的角度看，听说双方在人际交流时，说话者正是通过选择不同的补语性成分使听话者容易分清传递的新信息中出现具体新事物的不同类型，这样就起到便于说听双方言语交流、加快信息处理过程的作用。

　　基于上述理论思考，我们对该词典中所使用的具有"动词+结果"语义格的所有语句进行了全面考察（详细用例统计参见文后附录3），依据该结果宾语构式中是否使用了补语标记性成分，具体统计结果分为以下16个小类（见下表5）：V+了、V+成、V+出（来/去）、V+好、V+完、V+在、V+着、V+为/作、V+得、（正）在V、V+A、V+其他类。

表5　结果宾语构式语料使用分类情况

类别	例句
1. V+了	（1）这些砖头抱了我一身灰。 （2）妻子抱了个大胖小子。 （3）他背了一身土。 （4）大师傅剥了一身瓜子皮儿。
2. V+起/起来	（1）编写班子还没凑起来。 （2）孩子用头把帆布顶起一个大鼓包。 （3）他们摞起一个砖垛。 （4）那堆煤自己着起火来了。 （5）马蜂把我的脸蛰起好几个包。
3. V+来/上来/下来/上	（1）他终于奋斗来一张大专文凭了。 （2）她骂上劲儿来了。 （3）火着上来了。 （4）涮下来一些油。 （5）她把手印儿摁上了。
4. V+去/下去/出去	（1）夕照塔让闪电劈去一个塔尖。 （2）两颊陷下去一个坑。 （3）这一跤划出去好远。
5. V+成	（1）我的眼睛在学校熬成近视眼了。 （2）小牛倌把草料拌成糊状。 （3）都背成罗锅儿了。 （4）你都背成书呆子了。 （5）老板娘被逼成了精神病。

续表

类别	例句
6. V+出/出来	（1）手掰出一道口子。 （2）师傅把火苗拔出来了。 （3）背上拔出了一个红印。 （4）大妈把冰碴都拔出来了。 （5）冻柿子拔出了冰碴。
7. V+为/作	（1）当年的那棵小树苗已经成长为参天大树了。 （2）尼龙绳扯作一团了。
8. V+好	（1）色拉油打好了。 （2）行李我已经打好了。 （3）同伴把行李打好了。 （4）豆腐已经点好了。 （5）我总点不好这豆腐。
9. V+完	（1）服务员们把一个"二龙戏珠"的图案摆完了。 （2）护照王先生已办完了。 （3）王先生护照办完了。 （4）参观团已办完了介绍信。 （5）浮桥工兵已架完了。
10. V+到	（1）查档案查到了线索。 （2）警方调查到了一点线索。 （3）我们把行李减轻到一个小包。 （4）强度减弱到最低限度。 （5）她终于磨到了一张休假条。
11. V+在	（1）这块贴花妈妈补在裙子上了。 （2）妈妈把一块补丁补在裤子里边。 （3）孩子们把雪人堆在院了中间了。
12. V+着	（1）火已经点着了。 （2）你把火点着了。 （3）他悠然地吐着烟圈儿。

续表

类别	例句
13. V+得	（1）这位师傅面拉得怎么样啊？ （2）他把尾音拉得长长的。 （3）他被驳斥得满头大汗。 （4）口子拉得很大。 （5）缝儿裂得很大。
14. 在（正在）+V	（1）妻子正在包馅饼。 （2）小莹在吹泡泡。 （3）他还在吹口哨。 （4）她在劈叉呢。 （5）刘师傅正在锁花边儿。
15. V+A	（1）我把纸飞机叠坏了。 （2）我箱子钉大了。 （3）这孩子把糨糊打坏了。 （4）这孩子把盒子钉歪了。 （5）这位师傅把豆腐点老了。
16. V+其他	（1）手上被铡掉一块肉。 （2）来客身上补满了补丁。 （3）这块伤疤是他自己小时候割的。 （4）你煎一点芦根水。 （5）你别揪我一身纸屑。 （6）妈妈把门打开一条缝儿。 （7）你别靠我一身灰。（祈使句） （8）我把这种模拟的鸟鸣声再拉一遍。 （9）说话别总拉长音。 （10）我比妈妈多捏死几只虫子。

　　以上是对词典中用于结果宾语句中的补语性成分考察后的分类统计结果。通过上述分析考察，可以看到，结果宾语句中对于补语性成分高频使用的句法结构特征。在我们统计得出的16类结果宾语构式中，"在（正在）+V""V+A"和"V+其他"表中的后三类结果宾语式中没有使用到相应的具有语义虚化表完成义的补语性成分，其他的13类结果补语构式均

使用了补语性成分，如果将上述这些具有语义虚化表完成义的补语性成分与结果宾语同样看作是结果范畴中的一类成员，从事件建构的视角看待上述结果范畴成分，二者在结果宾语式中各自承担的事件功能是什么？另外，通过观察后三类句式中使用的例句，我们发现，这些例句主要是用在祈使句和强调句的句法格式中，这些不使用补语性成分的结果宾语构式与它们的句法使用环境是否有关，这些都是需要我们作出进一步阐释的地方。

首先，对于上表统计结果中的第11—16类进行总结说明。其中，在第11类的"V+在"中，"在"后主要是表明结果事件所处的环境位置；第14类"在（正在）+V"主要是说明该动作事件处于正在进行的过程阶段之中；在第13类"V+得"和第15类"V+A"以及第16类"V+其他"的部分用例中，这三类结果宾语构式的使用情况与达成事件用例的使用情况比较类似，这也说明了达成事件与完成事件不是能够截然分开的两类动作变化事件，而是在事件的时空特征上互有联系的两类动作变化事件。其中，一类动作变化事件突出瞬时、突变和隐性致使义；而另一类事件突出长时、自然完成和过程变化义。因此，这两类事件框架形成了一个关于动作变化事件意象图式的认知连续统，在动作变化事件的一端接近典型的时点结果事件，在动作变化事件的另一端接近典型的时段结果事件。另外，第16类还有一部分是出现在祈使句与强调句中的用例情况，下文我们对这两类用例情况作出了统一说明。再则是第12类，在我们的语料考察中，第12类"V+着"只收集到上述3例的使用情况，而在前两例中，"着"的动词实词义还比较明显，与达成事件用例的使用情况比较类似，只有最后一例"吐着烟圈儿"中"着"的实词语义虚化明显，可以看作是一个动态助词，与结果宾语构式中前一动词的黏合度比较高，表示动作状态、结果的持续。

其次，在上表统计的结果宾语构式分类中，对于其中的第1—10类我们会在后文中主要进行归类分析，上文已经提到，由于该类表虚化义的结果性补语成分处于结果宾语构式中的主要动词与结果宾语成分之间，所以我们是分别将其放在与主要动词和宾语的句法组合结构中去考察其实现的语义功能。上文，我们已经从其与动词的黏合关系角度进行了分析，指出该类结果范畴由于起到为完成事件框架提供自然终止点的划界作用，所以越是与动词黏合度高的补语性成分，在语义指向上就越容易指向动词，说明该动作事件处于最后的完成阶段，具有完成义、过程义特征；在本章后文我们主要着眼于其与结果宾语之间的关系来进行分析，考察其对于新出现的结果事件提供的不同观察视角的作用。

三、句子情状类型使用情况

我们对该词典中动词与结果格搭配使用时表示的句子情状类型情况也进行了总体考察，主要目的在于观察这类补语性的结果范畴成分在结果宾语句式中是不是必要的构成要素成分。一方面，从结果宾语句式的形式特征上看，它的出现与否对整个句式在形式上是否产生影响，如果缺少它，整个句式在语法形式上是否合格；另一方面，它的出现与否对整个句式事件完成义的情状类型特征，也就是该事件的体特征是否有影响。

由于这部词典是从动词格框架的语义关系出发，对一个动词能支配出现的语义格成分进行的说明和例释，我们在整部词典的用例考察中发现，如果一个动词与"结果"语义格成分搭配使用时，从结果宾语句式的构成形式上看，这种虚化完成义的补语性成分必须出现在该类句式中，这是一种典型的高频使用情况（文后附录3中我们列举了词典例句的分类统计情况），与此相对应的句式义也表示该事件结果已经完成；而不使用这种补语性成分的结果宾语句式则是一种低频使用情况，具体与两种事件情状特征有关：一种是该句式义是在说明该事件结果处于正在进行的动作过程阶段之中，也就是要突出动作的进行义；另一种是该句式用在祈使或表结果强调的特殊句子中，我们将上述情况归类总结如下。

第一，必须出现结果性成分的结果宾语构式的一类。这类结果宾语的构式义表示该动作结果已经完成。在这类结果宾语句式中，在动词后使用最为普遍的补语性成分是动态助词"了"，也就是上文我们总结的"V+了"类。此外，还有"V+完""V+好""V+成""V+出"等具有语义虚化特征表完成义的补语成分小类，虽然这些具体的补语性成分不同，有的补语性成分的虚化义比较明显，比如"了"，目前学界多将其看作是一个表完成义的动态助词，而不再将其看作是一个补语性成分；而其他大多数的补语性成分在语义上还处于虚实之间，这也是导致当前学界对这类补语性成分界定时存在分歧的主要原因。因为这类补语性成分的实词义还有保留，在主要动词后的句法分布位置已经趋于稳定，所以对于这类语义虚化程度不同的补语性成分，它们的具体使用情况及其虚化轨迹和特征需要我们深入探究，把握其使用规律和特点，下文会做进一步的分析。总之，这些不同补语性成分在结果宾语句式中已经成了一个必要的构成成分，这也是导致以往学者将这类结果性成分看作是标记不同结果宾语类型的主要原因，这与我们对该词典使用的结果宾语句式的考察结果是一致的。例如"V+了"一类：

（1）他挨了一身白。

（2）这孩子按了我一身手印。

（3）好好的墙让你按了一个窟窿。

（4）鱼摆了我一身水。

（5）树枝摆了我一头柳絮。

（6）工人们搬了一身汗。

（7）这台电视搬了我一头汗。

第二，不使用补语性成分的结果宾语句式。一是表示该动作事件处于正在进行阶段之中。主要是属于上文中我们总结的"在（正在）+V"一类句式，例如：

（1）妻子正在包馅饼。

（2）小莹在吹泡泡。

（3）他还在吹口哨。

（4）她在劈叉呢。

（5）刘师傅正在锁花边儿。

除此之外，不使用补语性成分的结果宾语句式，主要指的是动作结果义可以用于请求意图的祈使句或表告知意图的陈述（评价）句。例如：

（1）你别靠我一身灰。

（2）你煎一点芦根水。

（3）说话别总拉长音。

（4）她自己会冻冰棍儿。

（5）这块伤疤他自己小时候割的。

（6）你连裙子的褶儿都熨不直。

我们知道，祈使句是希望对方做或不做的事情，这类句子的使用环境一般是希望对方接下来要完成或实现的动作过程，言语交流的语境赋予了这类句子将来完成的事件情状类型特征，上述例（1）—例（3）的句子使用情况就属于此类。另外，在强调句中，也有不使用结果补语性成分的情况，上述例（4）—例（6）中的句子使用情况属于这一类，这类句子是对已经完成事件的某种结果情况进行的突出强调或评价，在句子使用中，通过话题化手段重新调整语序排列位置或者是通过添加某个冗余成分，主要目的在于突出强调事件完成后新出现的结果事件，而不在于事件的完成。因此，在用于上述第二、第三两种情况时，这类结果宾语句式在构成形式上就可以不受该式作为句法结构常态要求出现的具体时体标记词语的句法限制条件。

第二节 完成事件中结果范畴话语方式及语用功能

一、结果宾语事件语义结构标记功能

对于以往学界探讨较多的结果宾语问题，在结果宾语句式中，这里的结果宾语成分一般指的是由该动作事件（制作、比赛、建筑、填装、挖掘、设计等类事件）产生的新事物、新情况，这类结果要素不一定是实际

的有形存在物，也可以是无形的东西，比如新的想法、策略、方法等，是在该动作过程完成之前不存在的新事物。以往学界主要是将其看作结果宾语来分析的，或者是将其与结果动词联系起来看作是结果语义范畴。

通过上文对结果宾语句式使用情况的考察，我们认为，结果宾语是结果范畴中的一类典型成员，主要作用在于通过凸显经历一定的动作事件后产生或出现的新结果、新事物或新产品，也就是以新事物的出现这一结果事件作为该事件切割点的标志来指称该完成事件，从而实现其对于该类事件的界化功能。

（1）奶奶把饺子煮成片儿汤了。　　（片儿汤）

（2）我们要把这个市场整顿成一个繁荣有秩序的新市场。　　（新市场）

（3）这些水全都蒸发成水蒸气了。　　（水蒸气）

（4）李厂长把这个企业治理出一个新局面。　　（新局面）

（5）小金想出了一个点子。　　（点子）

二、结果补语事件过程阶段标记功能

在上文我们也曾提到过，通过对《汉语动词—结果补语搭配词典》和《现代汉语动词大词典：人机通用》两部词典语料用例的考察，我们发现，在完成事件框架下分析结果范畴形成的不同结果宾语构式，可以为学者提出的"完结"语义范畴、"唯补词""结果体"等动补结构相关问题的研究成果提供了一个新的分析视角。

由于在完成事件框架下结果宾语构式中的结果宾语成分往往要与不同的结果补语成分连用，一方面这类补语成分在语义上往往容易虚化，越来越接近汉语完成体助词的用法，但是另一方面这类补语成分的语义也存在"语义滞留"的现象，这就使补语性成分与不同的结果宾语在词语搭配上具有了选择性，所以这类结果补语成分在功能上同时"身兼两职"。上文我们曾分析过一个方面，也就是这类虚化义的补语性成分对于完成事件起到的自然终止点的作用，除此之外，下文我们会进一步总结，为突出这种完结阶段特征，结果宾语构式往往还需要一些显性的句法手段配合使用；另一方面，这类补语性成分往往又起到了标记说话者对不同结果事件提供的不同观察视角的作用。

（一）标记动作变化事件处于完结阶段

在这类完成结果构式中，补语性成分表示事件处于动作的完成阶段。通过考察这类结果范畴在语义上指向该动作事件中动词的用法，发现这类结果构式比较特殊，其特殊性在于：由于受事成分往往居于句首成为话题句，所以这类结果宾语构式与结果补语构式的形式相近，但是二者的主要区别在于，该类构式突出的是一个有时间段过程的事件，也就是时段事件，而不是时点事件。也就是前者突出事件的过程性，而达成事件突出的是事件的非过程性，其实并不是没有过程，只是事件的变化过程时间太短，是一种瞬时性的结果事件。也就是说，同样利用的是动补结构的句法形式，一种可以用来指称时点事件，另一种可以用来指称时段事件，这恰恰说明了达成事件和完成事件之间是一个动作变化事件的连续统过程，一端是典型的时点事件，以瞬时性的突变动作状态结果事件作为事件语义原型范畴；一端是典型的时段事件，以经历过一段时间才最终形成的新事物事件作为事件语义原型范畴。这中间是在事件的时空属性上处于时点与时段过渡阶段的结果事件。

而且，在完成事件框架下的结果补语构式中，除了利用补语性成分表明事件已经处于完成阶段，常常还需要搭配出现表示不同时间段的词语或词语的组合形式，来突出结果事件所处的这种时段性、过程性特征。

（1）这所土坯房用不了一两个钟头就能扒完。　（一两个钟头）

（2）要是用老办法，拔完这片麦子至少得一周。　（一周）

（3）她歌还没唱完，大家就鼓起掌来了。　（还没）

（4）那本书怎么还没翻译好？原著在他手里都快两年了。（还没）（两年）

（5）我昨天夜里没睡好觉，早上起来头有点晕。　（昨天夜里）

在上面例（1）里，在"扒完土坯房"这个具体的动作完成事件类型里，"用不了一两个钟头"的时间，事件的时间要素出现，与之共现搭配；在例（2）中是"拔完这片麦子至少需要一周时间"；在例（5）中是"昨天夜里"到"早上起来"的一段时间发生的完成事件（睡好）。而在例（3）、例（4）中用"还没"与"唱完""翻译好"呼应，表示该事件还没有到达最后的完成阶段，处在事件进程之中，在这一过程中，一个是有了新的临时事件发生（大家鼓掌）；一个是表明这个翻译事件已经持续了将近两年的时间（原著在他手里快两年了），尽管实际出现的话语形式不同，但是在这些话语符号系列中，结果补语性成分与表示时段特征的事件时间要素成分都出现了。

（二）标记处于不同观察视角的结果事件

上文提到，通过对《现代汉语动词大词典：人机通用》中语料用例分类情况考察，我们发现，在这类结果宾语构式中，由于充当结果范畴的补语性成分不同，往往同时表示了说话者对于结果事件所处的不同空间观察视角，主要涉及的是我们在上文表5中总结的第1—10类的用例情况，现将考察结果总结规律如下。

第一，"了"在结果宾语构式中的使用情况是比较普遍的，而且在考察的用例中，一般很少在此类构式中使用其他表示一段时间的词语与"了"共现搭配。

（1）这名乒乓球队员打了一个擦边球。

（2）两个人打球打了一身汗。

（3）这位电工在椅子上踩了两个大脚印子。

（4）这位姑娘等男朋友等了一肚子气。

（5）锅漏了一个洞。

（6）这两个月他养了一身肉。

在统计的关于"了"的250个相关用例中，我们只找到两个用例语句中使用了表示一段时间的词语，上面例（6）就是其中一例，句中明确出现了"这两个月"表示时间段的词语组合形式，这说明在有"了"出现的结果宾语构式中，"了"还起到了模糊时段事件时间语义特征的作用，在不涉及具体事件的时间特征时均可自由使用，这样可以最大程度方便现实的言语交际情境。

另外，由于"了"的词汇意义已经虚化，所以与动词的黏合程度也较为紧密，一般已将其看作是一个完成体助词，主要作用在于表明该结果事件已经处于实际完成的状态。但是，与很多学者对于"了"的研究看法不同，张黎（2003）则是在其研究过程中明确界定了"了"具有的界变作用[①]，这里所谓"界"指的是"从认知的角度来说"的，"界就是一个意象图式中的一个片段，该片段具有同质性。而在语言的认知图式中，从一个意象片段向另一个异质的意象片段转换时，就发生了界变"，那么"了"的作用就在于"指出这个界变，划出界与界间的界限"。因此，"了"的作用在这里可以说是起到了划界的作用。对于带补语的"VC了"结构，张黎将其界变功能概括为两类内容：一是指结束某种动作、状态或事件；二是指进入某种动作、状态或事件。并认为二者是一个事象的两个方面，只是语义情状类型凸显的侧重点不同。通过我们对上述相关研究与语料使用情况考察，我们更认同学者张黎的这一看法。

第二，"完、好"等类在结果宾语构式中主要是从动作事件所处的过程阶段性上来标记结果事件目前所处的完成义状态。

（1）服务员们把一个"二龙戏珠"的图案摆完了。

（2）护照王先生已办完了。

（3）我们家干菜都晾完了。

（4）我先把这团线绕完。

（5）色拉油打好了。

（6）行李我已经打好了。

（7）我明天就能把台灯座儿粘好。

（8）台灯座儿粘好了一个。

相比较而言，"完"标记的动作结果事件是一种客观观察视角，是对

---

① 张黎. "界变论"——关于现代汉语"了"及其相关现象 [J]. 汉语学习, 2003（1）:18.

事件自身所处阶段的客观说明。在上面的例（1）—例（4）中，"图案摆完、护照办完、干菜晒完、这团线绕完"，指的是从事件自身完成阶段叙述的认知视角，也就是上述事件逐一完成；在例（5）—例（8）中使用了"打好、粘好"，而"好"由于词汇义的"语义滞留"作用，除了表示该事件处于完成阶段，还给句子额外赋予了一种说话者主观积极义效果评价的观察视角。所以在《现代汉语词典》（第7版）中也是将其注释为：形容词，"用在动词后，表示完成或达到完善的地步"。

第三，"上/来、去/下去、起/起来、为/作"等类在结果宾语构式中标记结果事件中新的实体或新事物的动态出现、消失过程或者动作前后的结果对比过程。

（1）他终于奋斗来一张大专文凭了。

（2）火着上来了。

（3）夕照塔让闪电劈去一个塔尖。

（4）两颊陷下去一个坑。

（5）孩子用头把帆布顶起一个大鼓包。

（6）他们擦起一个砖垛。

（7）小孩子的额头上肿起一个大包。

（8）当年的那棵小树苗已经成长为参天大树了。

（9）尼龙绳扯作一团了。

在这类结果宾语构式中，往往要凸显出一种动态过程义，该动作结果是经历过一段动作时间过程而在某个空间中出现或形成的一种实体，也就是说，该实体是经历过一段动作过程后才产生或出现的，这里的结果范畴往往使用的是趋向动词，而这里的趋向动词的动作义已不明显，主要表示了动作的方向性、过程性和完成性。

另外，"为/作"在词典语料中的用例情况虽然不多，但是通过观察其所在的语料用例，例如上例（8）、例（9），可以发现，这类补语性成分出现的构式义中突出强调事件发生变化的前后事物整体状态的不同，因此具有明显的对比意味。如例（8）中，"当年的那棵小树苗"对比"参天大树"；例（9）中，原来是能看出的"尼龙绳"对比到目前已出现"一团"的状态，事物前后整体状态发生变化而进行对比的意味更加明显。

第四，"成、出"等类在结果宾语构式中标记了结果事件来源的观察视角。

（1）我的眼睛在学校熬成近视眼了。

（2）小牛倌把草料拌成糊状。

（3）他把一个馒头掰成两半儿，把一半儿给了我。

（4）你都背成书呆子了。

（5）让五十岁的人扮成一个十七八岁的小姑娘确实不容易。

（6）手掰出一道口子

（7）师傅把火苗拔出来了。

（8）背上拔出了一个红印。

（9）大妈把冰碴都拔出来了。

在上面例子中，例（1）中"近视眼"的结果来自"我的眼睛"原来状态，是经由在学校里长时间"熬"的一个变化过程变成的最终结果；例（2）中"糊状"是由原来的"草料"经由反复"搅拌"的一个动作过程实现的；例（3）中原来是"一个馒头"，最终经过"掰"的过程实现为"两半儿"。由于新出现的事物结果往往与之前的事件状态情况差异变化较大，原来的状态是背景信息，新的事物结果是凸显信息，所以越是要强调这种前后状态发生的变化大，事件的前景信息越容易成为明示信息显性表达出来，比如，上面例（5）中，最终"一个十七八岁的小姑娘"的状态来自之前的一个"五十岁的人"经由化妆打扮的变化过程，结果事件前后对比差异较大，所以事件的前景信息，也就是结果的来源信息最容易出现；否则出于交际的便捷与经济性考虑，这些就可以作为句子的背景信息隐含而不出现，所以前景信息是否出现，这就与交际中说话者明示的信息和其交际意图是有一定关联的。

第五，"到"类在结果宾语构式中标记结果事件往往是说话者最终希望实现目标的观察视角。通过观察词典语料用例的使用情况，我们也发现，"到"在用于完成事件框架下时，虽然句中可能没出现有明显强调该结果事件经历时间的词语，但是多有一种强调该结果事件好不容易才达到最终要实现的目的的意味，如下面例（5）用了"终于"；或者是事件始终也没有达到预期结果的意味，如例（6）中否定句的用例。也就是说，"到"在用于完成事件框架下时，隐含了一种该完成事件整体义所赋予的经过长时间动作过程最终才达到该结果事件的语义特征。

（1）查档案查到了线索。

（2）警方调查到了一点线索。

（3）我们把行李减轻到一个小包。

（4）强度减弱到最低限度。

（5）她终于磨到了一张休假条。

（6）他没有寻求到任何东西。

由于"到"作为动词使用时具有"达于某一点、到达、达到"的词义［见《现代汉语词典》（第7版），第266页］，所以语义虚化后作补语性成分时往往也保留着这种结果达于某一点的短时接触义，所以用于达成事件框架下是其常态使用情况，下面例（1）—例（12）是我们对其在《汉语动词—结果补语搭配词典》中使用情况的举例说明，观察下面用例可以看到，在其具体使用过程中，后可接地点、时间、具体事物或者抽象程度等不同的词语或其组合结构，这些具体的用例情况要比用于完成事件框架更为多样化，而且使用比较广泛，这说明把"到"用于达成事件框架下应是其原型用法，而其用于完成事件框架下，往往具有说话者特殊的语用强调意图。

（1）你觉得门铃安到哪儿合适？

（2）他奔到出事地点，警察早已把受伤的人送到医院去了。

（3）昨天他们一直辩论到夜里十二点，也没有辩出个结果来。

（4）我的晚报就订到六月底。

（5）这个人很讲信用，他答应的事就一定办到。

（6）你要的那本资料我给你借到了。

（7）他愤怒到了极点，两手不由自主地颤抖起来。

（8）运动会筹备到什么程度了？

（9）这几根线怎么缠到一起了？

（10）咱们只有把劲儿拧到一起，才能干好这项工作。

（11）据了解，这个案子牵涉好多人。

（12）植树造林是关系到子孙后代的大事。

另外，由于"到"的动词义中具有"达于某一点"的短时接触义，所以也容易与常用于达成事件框架中的补语性成分"见"换用，在《现代汉语词典》（第7版）中"见"的其中一个义项就注释为：用作"看、听"等动词的补语，意思跟"到"相同。我们认为，这里的"意思相同"确切来说，应该看作是二者都可以用于达成事件框架下，在实现指称一个时点事件的功能作用上是一致的。例如：

（1）你没看见我正忙着吗！你的事以后再谈行不行？

（2）听见有人喊"着火了！"，我赶快跑了出来。

（3）我怎么闻见一股煳味，是不是你做的米饭煳了？

（4）听说她就住在我家附近，可是我从来也没碰见过她。

上述用例也表明，在完成事件框架下由结果范畴形成的事件-构式具有两个次事件-构式形式上的特点。

一是着眼于事件完成阶段的时间观察视角，形成的结果宾语构式，在形式上往往与结果补语构式的形式相同。在这类结果体动词中，语义容易虚化，比如，越接近完成体助词"了"的"完""好"等类动词，就越容易成为该完成事件框架下结果范畴的原型成员。

二是着眼于事件完成后新出现事物的空间观察视角，形成的结果宾语构式是其原型事件构式。越突出新事物、新实体的整体可感知形象的，具有视觉可及性的结果宾语构式，越接近结果宾语的原型构式，这是从新出现的实体事物角度对完成事件框架起到的一种界化作用。

而且，在由后一类结果范畴形成的次事件-构式形式中，不同的补语成分标记对结果事件观察的视角不同，有的标记强调新出现事物的动态过程、有的标记事件的来源或结果事件最终要达到的目的等。

三、虚化义结果范畴的时量级差语用特征

在完成事件框架下考察结果范畴，我们可以看到，作为起到自然终止点的事件界化功能的结果范畴成分，主要是一些在语义上逐渐虚化接近完成体助词的动词性成分，这类动词由于语义虚化，所以与该构式中主要动作动词组合时具有黏合性强的特点，同时与结果宾语成分共现组合构成指称新事物或实体最终完成或出现的结果宾语构式。史维国（2016）曾经探讨过"语义滞留"现象，这类结果范畴构成成分普遍存在这种语言使用上的特点，也就是说，尽管这类"唯补词"成分语义虚化后多表示"完成义"，在语义上互相比较接近，但是各自出现的构式句法环境并不完全相同，所以有时候并不能互相替换，并且还达不到完成体助词"了"的语义虚化程度和完全适应不同句法构式的普遍性程度，所以在表达"完成"的语义量级上，语义的虚化程度具有这种级差性语用特征。

通过对《汉语动词—结果补语搭配词典》和《现代汉语动词大词典：人机通用》两部词典语料用例的考察，我们发现，其中虚化义程度越高，越容易符合上述总结的完成事件框架下两类事件-构式形式上的特点；语义虚化的程度越低，越容易只在达成事件框架下的结果补语构式中出现，这一方面可以说明，这两类事件框架之间的时空属性特征并不是截然不同的；另一方面说明，因为在达成事件框架下的补语性成分往往容易保留实词义，这也是与在两类事件框架下，这类补语性成分对于该动作变化事件的界化作用的不同，一个起到的是任意终止点的作用，另一个起到的是事件自然终止点的作用。

通过语料用例考察，除"了"外，在表示完成义的语义虚化级差特征上看，我们可以将用于两类事件框架下由补语性成分充当结果范畴的分为两类：

首先，第一类是指那些语义虚化后表示"完成义"的范畴成员，比

如，"完""成""得""好"等这一类。这类结果范畴成员，是语义虚化程度较高的补语性成分，可以同时在"达成""完成"两类事件框架下出现，而且在两类事件–构式中使用时的句法限制条件也最少。

上文我们已经分析探讨过"完""好""成"等这一类，语义虚化程度越高，越容易在彼此出现的句法环境下进行替换。而且通过语料考察我们也发现，越是只对结果事件本身作客观描述，较少含有主观情感义的词语越容易互相替换，也就是说，这类动词性成分的实词语义虚化后词义越来越单一、泛化。例如：

（1）我们刚坐好，电影就开演了。

（2）我们约好今天晚上一起去看电影，他一定会来的。

（3）虽然她手脚慢，但一件毛衣总算织好了。

（4）经过两个多月的努力，这件事情终于办成了。

（5）他们两个人的婚事还是我给促成的呢！

（6）历史上凡是要干成一点事业的人，总是要付出巨大代价的。

（7）这幅画还没有画成呢！

（8）这座大桥还有一个月就建成了。

（9）药熬得了，等一会儿晾凉了我给您端去。

（10）你把拌得的凉菜摆到桌上去吧！

（11）鸡炖得了，你尝尝味道怎么样？

（12）您定做的家具已经做得了。

在上面的例（1）—例（3）中，"好"除了说明结果事件处于最后完成阶段外还带有说话者对该事件的一种主观的积极效果评价义，所以就不如这一层级中其他词更容易互相替换，而上面例子中"成""得"使用的用例就都比较容易用"完"进行替换。另外，我们可以看到上面例（9）—例（12）中，"得"在口语中用于表示事件的完成义的情况比较多见，这些现象都说明言语交际中的具体语境、使用的语体及说话者的主观情感、态度评价等影响因素都会制约某些虚化义成分的出现。

其次，第二类语义虚化的补语性成分指的是"掉""光""着"

"中"等这一类，这一类结果范畴成员在使用上，与上文我们分析的补语性成分"到"的情况有些类似，这类虚化义的补语性成分更容易出现在表示时点事件的达成事件–构式中，突出该结果事件的短时性变化特征，虽然各自实词义虚化程度有差异、不平衡，但是彼此之间都比较容易在达成事件–构式中进行替换。

比如，在下面的"V+掉₁"中，"掉"的动词实义性还比较明显（脱落义），在语义上往往指向的是具体有形的实体事物：

（1）他的牙几乎都拔掉了，现在的牙差不多都是假牙。

（2）吃蚕豆要把皮剥掉。

（3）阳台上晾的衣服被一阵大风吹掉了。

（4）因为连日下雨，运到城里的菜烂掉了不少。

在"V+掉₂"中，"掉"的语义就已经逐渐比较虚化了，往往指向的是比较抽象的、无形的事物，比如：

（1）老师擦掉黑板上的字，然后让我们听写。

（2）你要丢掉烦恼，使心胸开阔起来。

（3）那种坏习惯，他早就改掉了。

（4）你走时别忘了把灯灭掉。

而在"V+光"中，"光"具有"一点不剩""全没有了""完了"的词义，所以在下面的语料用例里，有的可以用"掉"替换，但是语句体现说话者的主观情感义上略有区别，用"光"时说话者的情感色彩还不突出，但是用"掉"时，词语的情感色彩义还保留在所构成的构式中，这与上面我们提到的"好"的使用情况类似，但是由于"掉"与"光"还经常与具体有形实体事物共现，也就是在虚化义上不如"好"更彻底，所以这两方面因素共同制约了与其共现词语的组合形式，同时体现了说话者对于该结果事件的一种主观情感评价义。

（1）庭院里的杂草刚拔光，几天以后又长出来了。

（2）今天上街我把带的钱都花光了。

（3）电影没演完，可剧场里的观众都走光了。

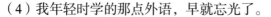

（4）我年轻时学的那点外语，早就忘光了。

再比如下面"V+中"和"V+着"中使用的语料用例，我们可以明显看出这类语义虚化成分具有的短时结果变化义的特征。

（1）只要再罚中一个球，他们队就赢了。

（2）这么多幅画中，他就看中了这一幅。

（3）他让炸弹片给崩着了。

（4）你订着那种杂志了吗？

上述对虚化义结果范畴存在的级差使用特征进行的分类说明，在现代汉语中这种处于语义虚化状态的结果范畴成分，各自能够进入不同变化事件框架下的使用范围是存在差异的，有的容易进入两类变化事件–构式中，语义虚化后在两类事件框架下都可以高频使用；有的只容易进入一类事件–构式中，语义虚化后只在这一类事件框架下可以高频使用。

通过上文的语料用例考察我们发现，那些能在完成事件框架下出现的补语性成分更容易在两类事件框架下都出现，反之在达成事件框架下经常出现的补语性成分则不一定都能在完成事件框架下出现。这也说明从事件的时间特征量级上看，完成事件可以在事件的时间量级上包容达成事件，而达成事件在事件的时间量级上却不能包容完成事件。所以，如果补语性成分的词义中短时变化义越突出就越容易出现在达成事件框架下，如上文分析的"掉""着""中"等类，但如果它们能够出现在完成事件框架下，如上文分析的"到"这一类，由于已经不再是用在其惯常出现的达成事件的原型构式中，所以就通常要隐含该完成事件临时赋予的经过了一个长时间动作过程才达到的一种结果义了。

因此，综上所述，在日常言语交际使用中，由于交际场合不同、说话者的交际意图不同、需要表达的主观情感态度有别，这些语义虚化程度有别的结果范畴成员，在不同的语境条件下就可以为实现不同的语用表达效果服务，这样也就可以为说话者在现实的言语交际过程中提供了语言编码选择的方便。

后　记

一、结果范畴研究的基本结论

首先，根据"达成"和"完成"两类不同事件框架下结果范畴所处构式的使用情况，我们分析了达成事件和完成事件中结果范畴的功能及其构式义。其次，基于不同事件框架，对两部词典的语料用例情况分别进行了考察，语料使用情况说明，达成事件中结果范畴的典型事件特征是突出时点性、突变性、隐性致使义；在完成事件中，结果范畴的典型事件是突出时段性、过程性和完成性，并且对于完成事件框架下的两类次结果事件–构式使用情况进行了分析说明。再次，总结说明了不同事件框架下结果范畴内部构成成员的层级分布构成情况。最后，我们把在"达成"和"完成"两类事件框架下结果范畴实现的事件功能、基本构式义及范畴内部的构成成分等分析情况总结如表6所示。

表6　事件语义框架下的结果范畴分析

结果范畴出现的两类事件框架	事件的时间属性特征	结果范畴事件的界化作用	结果范畴事件语义特征	结果范畴话语实现方式
达成事件框架	时点事件	任意终止点	瞬时性突变性隐性致使关系义	1.在黏合式动补结构中：非自主义动词/形容词 2."得"字组合结构中："得"后的小句结构
完成事件框架	时段事件	自然终止点	长时性完成性过程性	1.结果体动词："完、好"类；"成、出"类；"到、见"类等 2.结果宾语（句首、句尾，句中介宾）

二、结果范畴研究为动补结构提供的分析视角

以往学界对于动补结构及其相关问题的分析多从句法层面出发，围绕句法结构的形式和句法关系意义进行了广泛研究，但是长期以来，句法研究视角的单一、静态和孤立化，也导致了在动补结构研究中对于结果动词、结果体、结果补语、结果宾语和结果范畴等相关问题的解释比较模糊，没有将动补结构和结果范畴的研究联系起来，这样就导致当前学界对于结果范畴的研究还缺乏一个相对统一的理论解释框架，这些都不利于动补结构等相关问题研究的深化。

当代认知语言学的原型范畴观、事件–构式等理论的发展为我们重新审视结果范畴提供了一个新的认知视角，我们试图从构建动态的认知结果范畴观出发，基于从事件到构式的层级建构的认知视角，分析了结果范畴中由动补（宾）结构形成的两类不同构式："达成"事件框架下的结果补语构式和"完成"事件框架下的结果宾语构式，总结了结果范畴在两类构式中实现的功能及其构式义，并通过语料用例使用情况进行考察检验，这样就将以往结果补语和结果宾语等与结果范畴相关的问题的研究统一在"达成"和"完成"两类事件框架的分析模式中，从而有助于认识结果范畴内部具有的不同类型成员，突破以往对结果范畴只是着眼于结果宾语或结果补语单一句法层面的分析，总结结果范畴在事件–构式中的句法语用功能，为今后深入研究结果范畴奠定基础。

三、结果范畴话语实现方式的规则描写

通过对结果范畴在事件语义构成中语义特征及其编码形式特征的分析，我们认识到了结果范畴在事件语义结构中的事件语义功能，它是作为不同的事件语义构成要素在起作用。而在现实的言语交际过程中，由于说话者的交际意图多种多样，所以当结果范畴在实际的话语系列中"兑现"

出来的形式也会显得更为复杂多样，因为实际说出来的话语带有说话者要实现的交际意图。也就是说，基于说话者交际意图实现的功能维度，我们可以重新反思以往汉语学界开展的动补（宾）结构研究，这样也就会清楚为什么在结果宾语、结果补语分析中都"隐含"了一种"结果义"或者"完成义"特征，可是又好像还有程度、可能、趋向、评价等不同的语义内涵。这是由于以往我们并没有区分结果范畴事件语义构成层面和其进入现实言语交际的实际句法使用层面，所以才导致长期以来结果范畴理论内涵一直界定不清。因此，我们在研究中首先区分出了结果范畴的事件语义构成层面和结果范畴的实际话语使用层面，然后再结合语用意图实现功能视角描写结果范畴话语使用的形式化规则。

当说话者语用意图在于区分致使事件和制作事件作为不同事件类型时，也就是说，"致使""制作"类事件语义结构分别表现为具体的话语序列形式，结果范畴进入实际的句法使用层面，此时，结果范畴的完成性（时段性）、变化性（时点性）语义特征被分别激活，说话者的主要交际意图就是用来区分两类不同事件语义类型的差异，即致使事件主要凸显致使结果最终出现的变化性特征；而制作事件主要凸显新产品制作完成的完成性特征。

（1）当句法组合形式为VX_1，X_1一般为虚化完成义动词（唯补词、动词虚化后语义成分、结果体、结果宾语的连带成分），尤其是句中或者上下文中往往有时段性词语与之共现，而结果宾语在语句中实际指称了制作事件中出现的新产品、新形式等要素，共同激活了制作事件中结果范畴的完成性、时段性特征。

（2）当句法组合形式为VX_2，X_2一般为表示非自主义的不及物动词，也称为"结果补语成分"（动补式复合词，动结式、黏合式动补结构），在该话语系列中，结果补语成分具体指称了由于致使动作导致事物呈现出的新的变化状态，与动作动词一起共同激活致使事件语义结构及其结果的变化性、时点性语义特征。

当说话者的语用意图在于凸显其对于事件结果的主观评价义时，由于此时说听双方在现实言语交际中，主要的语用意图并不是用来区分具体事件类型，而是用来提示听话者注意说话者对于该类事件结果的一种主观情感倾向或态度评价，所以此时结果范畴的变化性（时点性）、完成性（时段性）语义特征未能在句法表层话语序列得到凸显，而是作为说听双方共知的认知语境信息隐含在话语形式序列之中。

（1）当句法组合形式为VX$_3$，且X$_3$一般由性质形容词等成分充当，一般也常被称为"结果补语成分"，但是在该类句法实现的话语序列中，X$_3$的词汇义往往独立，所以VX$_3$在句法组合形式紧密度上不如VX$_1$、VX$_2$，一般学界也将VX$_3$分析为动补结构（黏合式动补结构）。但是，由于在该类句法组合形式中，事件的变化义、完成义特征已经隐含在话语序列中，表明此时说话者说出该话语序列形式的主要目的不是用来区分具体事件类型，因此该句法组合形式的其他语用意义就会得到明显凸显，也就是说，此时说话者对于事件结果状态的主观态度评价义就会得到有效凸显。因此，对于听话者来说，此时该句法组合形式表明，该话语序列在语用意义上主要指向说话者对于事件的主观态度评价。

（2）当句法组合形式为VX$_4$，X$_4$一般为语义已经虚化的表极性义的动词/形容词/副词时，比如死、尽、透、极时，X$_4$一般称为"程度补语成分"，此时，说话者采用这种话语序列组合方式主要用来表明其对于整个事件的一种主观态度描述或情感评价义。

（3）当句法组合形式为V得+X$_5$时，X$_5$为状态形容词或者其他句法组合形式，"得"在句法组合形式中语义虚化，一般被称为"情态补语的句法标志"，此时该句法组合形式是通过对"得"后事件结果状态进行丰富细致的特征描述，说话者主要目的就是用来提示听话者注意其对该事件结果的一种主观态度体验。

四、结果范畴研究后续关注的问题

理论构建往往来自研究假设，又需要在语言事实中接受检验，从而促进理论研究的深入发展。对于结果范畴的相关研究，我们的主要目的是尝试运用溯因法来解决当前学界对于结果范畴认识的理论局限问题，希望借鉴原型范畴观及事件–构式等理论框架能够推动结果范畴的相关研究，为构建动态的认知结果范畴观提供一个统一的理论框架解释，进而能够对当前学界在语义范畴及句法-语义接口等问题的研究提供一个分析思路。在研究得出的初步成果基础上，我们认为后续的研究工作中还有一些问题需要继续进行深入探究。

（1）对于具有完成义的语义虚化的结果范畴，他们各自的虚化义轨迹如何描写，是不是还需要借助历时语言研究的成果逐一进行系统研究？

（2）我们提出了完成事件框架中结果体动词的虚化义存在程度量级上的差异，如何归类？是否有句法形式的标记，还是只是一种隐含义，怎么进行归类统计？

（3）对于"得"字结构在结果范畴研究中的分析，我们探讨的不够，只是与动补黏合结构做了对比说明，强调了该类结构的个性化指称功能，如果将其看作结果范畴中的一类子范畴成员，还需要很多具体的研究设计和语料考察工作，这方面的研究目前我们涉及的不多。

（4）我们在研究中提出构建动态的认知结果范畴观，其内部不同成员的层级特征是如何围绕"达成""完成"两类事件–构式联系在一起的，对于范畴内部成员的有机联系和范畴内部的层级系统需要描写说明，目前的研究成果只是列出了结果范畴成员，对其成员之间的关系及意义功能，解释说明还比较模糊。

（5）通过对《现代汉语动词大词典：人机通用》提供的语料用例考察，我们发现，由于现有计算语言学研究成果多借用的是Fillmore的格语法理论，但是格语法理论最根本的问题在于没有明确离析这两个层面：一个是基于事件语义范畴层面的语义格框架分析层面，另一个是基于语言使用的语法分析层面。如果将这两个层面混为一个层面（句法层面）进行语义角色标注，这样对于必需格和可选格就说不清楚，也会导致对于词典中所列出的基本式和扩展式解释不清。也就是说，这两类形式都是话语使用上的不同格式，还是一个是从语义层面（基本式）说的，一个是从实际话语使用层面（扩展式）说的，这些就没有辨析清楚。对于今后计算语言学相关事件语义研究来说，区分出事件研究的语义层面和语用层面是有理论支撑价值的，有助于在说话者交际意图实现的功能维度下认识实际的话语实现方式具有的多样性、动态性的语用特征。

　　上述问题是我们在研究探讨过程中还不够深入细致的地方，这些遗留的问题会督促我们在后续研究工作中继续思考解决，相信伴随理论思考和实践应用研究的持续深入，对这些具体问题的解决会更具有理论解释力和应用价值。一方面，这些研究成果对于现代汉语句法结构的传统研究范式可以提供一个崭新的理论分析视角；另一方面，这些理论研究成果对于计算语言学的事件语义研究也具有理论指导意义，不但对于不同粒度的事件语义角色标注会更细致合理，而且对于中文词典、电子辞书及大规模真实文本的事件语义抽取及其相关事件知识数据库等的研究和建设工作都具有理论应用价值。

参考文献

A. 英文文献

[1] VERHAGEN A. 交互主观性的构建: 话语、句法与交际 [M]. 北京: 世界图书出版公司, 2014.

[2] COMRIE B. Aspect [M]. Cambridge: Cambridge Universuty Press, 1976.

[3] FAUCONNIER G. Mapping in Thought and Language [M]. Cambridge: Cambridge University Press, 1997.

[4] GOLDBERG A E. Constructions: A New Theoretical Approach to Language [J]. 外国语 (上海外国语大学学报), 2003 (3): 1-11.

[5] HOPPER P J., TRAUGOTT E C. Grammaticalization [M]. Cambridge: Cambridge University Press, 1993.

[6] HAWKINS J A. Efficiency and complexity in grammars [M]. Beijing: World Books Publishing Corporation, 2010.

[7] LYONS J. Linguistic Semantics: An Introduction [M]. Cambridge: Cambridge University Press, 2000.

[8] TAYLOR J R. Cognitive grammar [M]. Beijing: World Books Publishing Corporation, 2013.

[9] HAIMAN J. Natural Syntax:Iconicity and Erosion [M]. Beijing: World Books Publishing Corporation, 2009.

[10] TAYLOR J. Ten Lectures on Applied Cognitive Linguistics [M]. Beijing: Foreign Language Teaching and Research Press, 2007.

[11] LAKOFF G., JOHNSON M. Metaphors We Live By [M]. Chicago:

University of Chicago Press, 1980.

[12] LAKOFF G. Woman, Fire and Dangerous Things: What Categories Reveal about the World [M]. Chicago: University of Chicago Press, 1990.

[13] LAKOFF G., JOHNSON M. Philosophy in the Flesh: The Embodied Mind and Its Challenge to Western Thought [M]. New York: Basic Books, 1999.

[14] LANGACKER R W. Foundations of Cognitive Grammar (I): Theoretical Prerequisites [M]. Stanford: Stanford University Press, 1987.

[15] LANGACKER R W. Foundations of Cognitive Grammar (Ⅱ): Descriptive Application [M]. Stanford: Stanford University Press, 1991.

[16] TALMY L. Toward a Cognitive Semantics (Volume ⅠⅠ): Typology and Process in Concept Structuring [M]. Beijing: Foreign Language Teaching and Research Press, 2012.

[17] COULSON S. Semantic Leaps:Frame-Shifting and Conceptual Blending in Meaning Construction [M]. Beijing: Cambridge: Cambridge University Press, 1980.

[18] LEVINSON S C. Space in Language and Cognition [M]. Beijing: World Books Publishing Corporation, 2008.

B. 字典、辞书

[1] 安汝磐. 实用汉语形容词词典 [Z]. 北京: 中国标准出版社, 1990.

[2] 北京大学中文系1955、1957级语言班. 现代汉语虚词例释 [Z]. 北京: 商务印书馆, 1982.

[3] 克里斯特尔. 现代语言学词典 [Z]. 北京: 商务印书馆, 2000.

[4]《古汉语常用字字典》编写组. 古汉语常用字字典 [Z]. 北京: 商务印书馆. 2000.

[5] 侯学超. 现代汉语虚词词典: 2011 [Z]. 北京: 北京大学出版社, 1998.

[6] 吕叔湘. 现代汉语八百词 (增订本) [Z]. 北京: 商务印书馆, 1999.

[7] 孟琮, 郑怀德, 孟庆海, 等. 动词用法词典 [Z]. 上海: 上海辞书出版社,

1987.

[8] 语言学名词审定委员会. 语言学名词 [Z]. 北京: 商务印书馆, 2011.

[9] 王砚农, 焦群, 庞颙. 汉语动词-结构补语搭配词典 [Z]. 北京: 北京语言学院出版社, 1987.

[10]《中国语言学大辞典》编委会. 中国语言学大辞典 [Z]. 南昌: 江西教育出版社, 1991.

[11] 中日合作MMT汉语生成组. 现代汉语动词大词典 [Z]. 北京: 北京语言学院出版社, 1994.

C. 著作、教材、论文集

[1] 马蒂尼奇. 语言哲学 [M]. 牟博, 杨音莱, 韩林合, 等, 译. 北京: 商务印书馆, 1998.

[2] GOLDBERG A E. 构式: 论元结构的构式语法研究 [M]. 吴海波, 译. 北京: 北京大学出版社, 2007.

[3] GOLDBERG A E. 运作中的构式: 语言概括的本质 [M]. 吴海波, 译. 北京: 北京大学出版社, 2013.

[4] 北京语言学院语言教学研究所. 现代汉语补语研究资料 [C]. 北京: 北京语言学院出版社, 1992.

[5] 北京大学中文系现代汉语教研室. 现代汉语 (重排本) [M]. 北京: 商务印书馆, 1993.

[6] 北京大学汉语语言学研究中心《语言学论丛编委会》. 语言学论丛 (第26辑) [C]. 北京: 商务印书馆, 2002.

[7] 科姆里. 体范畴 [M]. 郭利霞, 译. 北京: 北京大学出版社, 2016.

[8] 布林顿, 特劳戈特. 词汇化与语言演变 [M]. 罗耀华, 等, 译. 北京: 商务印书馆, 2013.

[9] 菲尔墨. "格" 辨 [M]. 胡明扬, 译. 北京: 商务印书馆, 2002.

[10] 曹逢甫. 汉语的句子与子句结构 [M]. 王静, 译. 北京: 北京语言大学出版社, 2005.

[11] 曹广顺. 近代汉语助词 [M]. 北京: 商务印书馆, 2014.

[12] 陈前瑞. 汉语体貌研究的类型学视野 [M]. 北京: 商务印书馆, 2008.

[13] 陈信春. 补语同相关成分的句法语义关系 [M]. 开封: 河南大学出版社, 2010.

[14] 陈平. 现代语言学研究——理论、方法与事实 [M]. 重庆: 重庆出版社, 1991.

[15] 程琪龙. 概念框架和认知 [M]. 上海: 上海外语教育出版社, 2006.

[16] 程工. 语言共性论 [M]. 上海: 上海外语教育出版社, 1999.

[17] 崔希亮. 语言理解与认知 [M]. 北京: 北京语言大学出版社, 2001.

[18] 大河内康宪. 日本近、现代汉语研究论文选 [C]. 靳卫卫, 译. 北京: 北京语言学院出版社, 1993.

[19] 戴浩一, 薛凤生. 功能主义与汉语语法 [C]. 北京: 北京语言学院出版社, 1994.

[20] GEERAERTS D. 认知语言学基础 [M]. 邵军航, 杨波, 译. 上海: 上海译文出版社, 2012.

[21] 邓守信. 汉语语法论文集 (中译本) [C]. 北京: 北京语言大学出版社, 2012.

[22] 丁声树, 等. 现代汉语语法讲话 [M]. 北京: 商务印书馆, 1961.

[23] 董秀芳. 词汇化: 汉语双音词的衍生和发展 [M]. 成都: 四川民族出版社, 2002.

[24] 董秀芳. 汉语的词库与词法 (第二版) [M]. 北京: 北京大学出版社, 2016.

[25] 范晓. 汉语的句子类型 [M]. 太原: 书海出版社, 1998.

[26] 冯胜利. 汉语的韵律、词法与句法 [M]. 北京: 北京大学出版社, 2009.

[27] 温格瑞尔, 施密特. 认知语言学导论 (第二版) [M]. 彭利贞, 许国萍, 赵微, 译. 上海: 复旦大学出版社, 2009.

[28] 高名凯. 汉语语法论 [M]. 北京: 商务印书馆, 1986.

[29] 桂诗春, 宁春岩. 语言学方法论 [M]. 北京: 外语教学与研究出版社, 1997.

[30] 龚千炎. 汉语的时相时制时态 [M]. 北京: 商务印书馆, 1995.

[31] 郭绍愚. 汉语词汇语法史论文集 [C]. 北京: 商务印书馆, 2000.

[32] 顾鸣镝. 认知构式语法的理论演绎与应用研究 [M]. 上海: 学林出版社, 2013.

[33] 胡裕树. 现代汉语 [M]. 上海: 上海教育出版社, 1981.

[34] 靳光瑾. 现代汉语动词语义计算理论 [M]. 北京: 北京大学出版社, 2001.

[35] 莱考夫, 约翰逊. 我们赖以生存的隐喻 [M]. 何文忠, 译. 杭州: 浙江大学出版社, 2015.

[36] 李临定. 现代汉语动词 [M]. 北京: 中国社会科学出版社, 1990.

[37] 李临定. 现代汉语句型 [M]. 北京: 商务印书馆, 1986.

[38] 黎锦熙. 新著国语文法 [M]. 北京: 商务印书馆, 2001.

[39] 李先耕. 汉语新论 [M]. 哈尔滨: 黑龙江教育出版社, 2001.

[40] 李福印. 认知语言学概论 [M]. 北京: 北京大学出版社, 2008.

[41] 李福印. 语义学概论 [M]. 北京: 北京大学出版社, 2006.

[42] 黄伯荣, 廖序东. 现代汉语下册(增订五版)[M]. 北京: 高等教育出版社, 2011.

[43] 李延福. 国外语言学通观(上)[M]. 济南: 山东教育出版社, 1999.

[44] 梁银峰. 汉语动补结构的产生与演变 [M]. 上海: 学林出版社, 2006.

[45] 梁宁建. 当代认知心理学 [M]. 上海: 上海教育出版社, 2003.

[46] 刘振平. 形容词做状语和补语的认知语义研究 [M]. 北京: 商务印书馆, 2015.

[47] 刘月华, 潘文娱, 故韦华. 实用现代汉语语法(增订本)[M]. 北京: 商务印书馆, 2001.

[48] 刘月华. 趋向补语通释 [M]. 北京: 北京语言大学出版社, 1998.

[49] 刘正光. 构式语法研究 [M]. 上海: 上海外语教育出版社, 2011.

[50] 刘雪芹. 现代汉语重动句研究 [M]. 上海: 学林出版社, 2012.

[51] 刘承慧. 汉语动补结构的历史发展 [M]. 台北: 翰芦图书出版有限公司, 2002.

［52］刘丹青. 语言学前沿与汉语研究［M］. 上海: 上海教育出版社, 2005.

［53］刘茂福, 胡慧君. 基于认知与计算的事件语义学研究［M］. 北京: 科学出版社, 2013.

［54］陆俭明. 面临新世纪挑战的现代汉语语法研究［C］. 济南: 山东教育出版社, 2000.

［55］陆俭明. 现代汉语语法研究教程［M］. 北京: 北京大学出版社, 2005.

［56］陆丙甫. 核心推导语法（第二版）［M］. 上海: 上海教育出版社, 2015.

［57］泰尔米. 认知语义学（卷Ⅰ）: 概念构建系统［M］. 李福印, 等, 译. 北京: 北京大学出版社, 2019.

［58］兰艾克. 认知语法导论［M］. 黄蓓, 译. 北京: 商务印书馆, 2016.

［59］索尔索. 认知心理学［M］. 何华, 译. 南京: 江苏教育出版社, 2010.

［60］吕叔湘. 中国文法要略［M］. 北京: 商务印书馆, 1982.

［61］吕叔湘. 汉语语法分析问题［M］. 北京: 商务印书馆, 1979.

［62］吕叔湘, 朱德熙. 语法修辞讲话［M］. 北京: 中国青年出版社, 1979.

［63］吕冀平. 汉语语法基础［M］. 哈尔滨: 黑龙江人民出版社, 1983.

［64］马建忠. 马氏文通［M］. 北京: 商务印书馆, 2012.

［65］马真. 现代汉语虚词研究方法论［M］. 北京: 商务印书馆, 2004.

［66］马庆株. 汉语动词和动词性结构［M］. 北京: 北京语言学院出版社, 1992.

［67］孟艳华. 事件建构与现代汉语结果宾语句研究［M］. 北京: 北京语言大学出版社, 2016.

［68］缪锦安. 汉语的语义结构和补语形式［M］. 上海: 上海外语教育出版社, 1990.

［69］彭国珍. 结果补语小句理论与现代汉语动结式相关问题研究［M］. 杭州: 浙江大学出版社, 2011.

［70］带考夫. 女人、火与危险事物: 范畴显示的心智（一）［M］. 李葆嘉, 章婷, 邱雪梅, 译. 北京: 世界图书出版公司, 2017.

［71］屈承熹. 汉语篇章语法［M］. 潘文国, 等, 译. 北京: 北京语言大学出版社, 2006.

[72]任鹰. 现代汉语非受事宾语句研究[M]. 北京: 社会科学文献出版社, 2005.

[73]邵敬敏. 现代汉语通论[M]. 上海: 上海教育出版社, 2001.

[74]沈家煊. 不对称和标记论[M]. 南昌: 江西教育出版社, 1999.

[75]沈家煊. 语法六讲[M]. 北京: 商务印书馆, 2011.

[76]沈家煊. 现代汉语语法的功能、语用、认知研究[M]. 北京: 商务印书馆, 2005.

[77]沈园. 句法-语义界面研究[M]. 上海: 上海教育出版社, 2007.

[78]沈阳, 郑定欧. 现代汉语配价语法研究[C]. 北京: 北京大学出版社, 1995.

[79]沈阳, 何元建, 顾阳. 生成语法理论与汉语语法研究[M]. 哈尔滨: 黑龙江教育出版社, 2001.

[80]施春宏. 汉语动结式的句法语义研究[M]. 北京: 北京语言大学出版社, 2008.

[81]石毓智. 语法的形式和理据[M]. 南昌: 江西教育出版社, 2001.

[82]石毓智, 李讷. 汉语语法化的历程—形态句法发展的动因和机制[M]. 北京: 北京大学出版社, 2001.

[83]石毓智. 现代汉语语法系统的建立—动补结构的产生及影响[M]. 北京: 北京语言大学出版社, 2003.

[84]石毓智. 汉语语法[M]. 北京: 商务印书馆, 2010.

[85]石慧敏. 汉语动结式的整合与历时演变[M]. 上海: 复旦大学出版社, 2011.

[86]宋文辉. 现代汉语动结式的认知研究[M]. 北京: 北京大学出版社, 2007.

[87]束定芳. 语言的认知研究[C]. 上海: 上海外语教育出版社, 2004.

[88]束定芳. 认知语义学[M]. 上海: 上海外语教育出版社, 2008.

[89]束定芳. 认知语言学研究方法[M]. 上海: 上海外语教育出版社, 2013.

[90]税昌锡. 汉语语义指向论稿[M]. 长春: 东北师范大学出版社, 2005.

[91]孙玄常. 宾语和补语[M]. 上海: 新知识出版社, 1957.

[92] 太田辰夫. 中国语历史文法 [M]. 蒋绍愚, 徐昌华, 译. 北京: 北京大学出版社, 1987.

[93] 全国斌. 现代汉语黏合式结构范畴化研究 [M]. 合肥: 安徽大学出版社, 2009.

[94] 王力. 中国语法理论 (上、下册) [M]. 北京: 中华书局, 1957.

[95] 王力. 汉语史稿 [M]. 北京: 中华书局, 2004.

[96] 王寅. 认知语法概论 [M]. 上海: 上海外语教育出版社, 2006.

[97] 王寅. 构式语法研究 (上、下卷): 理论思索 [M]. 上海: 上海外语教育出版社, 2011.

[98] 王玲玲, 何元建. 汉语动结结构 [M]. 杭州: 浙江教育出版社, 2002.

[99] 维特根斯坦. 哲学研究 [M]. 陈嘉映, 译. 上海: 上海人民出版社, 2005.

[100] 吴平, 郝向丽. 事件语义学引论 [M]. 北京: 知识产权出版社有限责任公司, 2017.

[101] 邢公畹. 现代汉语教程 [M]. 天津: 南开大学出版社, 1992.

[102] 邢福义. 现代汉语 [M]. 北京: 高等教育出版社, 1991.

[103] 熊仲儒. 现代汉语中的致使句式 [M]. 合肥: 安徽大学出版社, 2004.

[104] 徐烈炯, 刘丹青. 话题的结构与功能 (增订本) [M]. 上海: 上海教育出版社, 2007.

[105] 徐枢. 宾语和补语 [M]. 哈尔滨: 黑龙江人民出版社, 1985.

[106] [古希腊] 亚里士多德. 范畴篇　解释篇 [M]. 方书春, 译. 商务印书馆, 1997.

[107] 雅洪托夫. 汉语的动词范畴 [M]. 陈孔伦, 译. 北京: 商务印书馆, 1958.

[108] 杨润陆, 周一民. 现代汉语 [M]. 北京: 北京师范大学出版社, 1995.

[109] 杨明. 结果构式的认知语义研究——以中、日、英为例 [M]. 北京: 知识产权出版社, 2013.

[110] 姚振武. 上古汉语语法史 [M]. 上海: 上海古籍出版社, 2015.

[111] 叶文曦. 语义学教程 [M]. 北京: 北京大学出版社, 2016.

[112] 袁毓林. 汉语动词的配价研究 [M]. 南昌: 江西教育出版社, 1998.

[113] 袁毓林. 袁毓林自选集 [M]. 桂林: 广西师范大学出版社, 1999.

[114] 万德勒. 哲学中的语言学 [M]. 陈嘉映, 译. 北京: 华夏出版社, 2003.

[115] 张志公. 汉语语法常识 [M]. 上海: 新知识出版社, 1956.

[116] 张斌. 汉语语法学 [M]. 上海: 上海教育出版社, 2003.

[117] 张斌, 胡裕树. 汉语语法研究 [M]. 北京: 商务印书馆, 2003.

[118] 张伯江, 方梅. 汉语功能语法研究 [M]. 南昌: 江西教育出版社, 1996.

[119] 张黎. 文化的深层选择——汉语意合语法论 [M]. 长春: 吉林教育出版社, 1994.

[120] 张旺熹. 汉语特殊句法语义研究 [M]. 北京: 北京语言文化大学出版社, 1999.

[121] 张敏. 认知语言学与汉语名词短语 [M]. 北京: 中国社会科学出版社, 1998.

[122] 赵艳芳. 认知语言学概论 [M]. 上海: 上海外语教育出版社, 2001.

[123] 张国宪. 现代汉语形容词功能与认知研究 [M]. 北京: 商务印书馆, 2006.

[124] 张国宪. 现代汉语动词的认知与研究 [M]. 上海: 学林出版社, 2016.

[125] 张黎, 古川裕, 任鹰, 等. 日本现代汉语语法研究论文选 [C]. 北京: 北京语言大学出版社, 2007.

[126] 张旺熹. 汉语句法的认知结构研究 [M]. 北京: 北京大学出版社, 2006.

[127] 赵元任. 汉语口语语法 [M]. 北京: 商务印书馆, 1979.

[128] 赵艳芳. 认知语言学概论 [M]. 上海: 上海外语教育出版社, 2001.

[129] 志村良治. 中国中世语法史研究 [M]. 江蓝生, 白维国, 译. 北京: 中华书局, 1995.

[130] 周红. 现代汉语致使范畴研究 [M]. 上海: 复旦大学出版社, 2005.

[131] 朱德熙. 语法答问 [M]. 北京: 商务印书馆, 1985.

[132] 朱德熙. 现代汉语语法研究 [M]. 北京: 商务印书馆, 1980.

[133] 朱德熙. 语法讲义 [M]. 北京: 商务印书馆, 1982.

[134] 邹韶华. 语用频率效应研究 [M]. 北京: 商务印书馆, 2001.

[135] 王甦, 汪安圣. 认知心理学 [M]. 北京: 北京大学出版社, 1992.

[136] 中国语文杂志社. 语法研究和探索（十一）[C]. 北京: 商务印书馆, 2002.

[137] 中国语文杂志社. 语法研究和探索（十二）[C]. 北京: 商务印书馆, 2003.

D. 硕士、博士学位论文

[1] 陈香. 含有因果关系的现代汉语单句研究 [D]. 北京: 北京师范大学, 2009.

[2] 褚鑫. 构式语法观下的动结式及相关句式研究 [D]. 长春: 吉林大学, 2016.

[3] 樊友新. 从事件结构到句子结构——以现代汉语"被"字使用为例 [D]. 上海: 华东师范大学, 2010.

[4] 李佰亿. 汉语趋向补语的认知研究 [D]. 哈尔滨: 黑龙江大学, 2007.

[5] 李锦姬. 现代汉语补语研究 [D]. 上海: 复旦大学, 2003.

[6] 刘先清. 语法中注意分配的认知研究 [D]. 重庆: 西南大学, 2014.

[7] 刘辰诞. 结构和边界: 语言表达式的认知基础 [D]. 开封: 河南大学, 2006.

[8] 孟艳华. 事件建构与现代汉语结果宾语句 [D]. 北京: 北京语言大学, 2009.

[9] 马婷婷. 现代汉语结果补语语义指向研究 [D]. 武汉: 华中科技大学, 2016.

[10] 邱海生. 汉语动结构式的构式语法分析 [J]. 重庆: 重庆大学, 2009.

[11] 苏怡莲. 现代汉语因果关系表达研究 [D]. 上海: 上海师范大学, 2017.

[12] 席留生. "把"字句的认知研究 [D]. 开封: 河南大学, 2008.

[13] 王芳. 现代汉语述补结构语法意义研究 [D]. 苏州: 苏州大学, 2009.

[14] 王艳. 东亚语言结果式的类型学研究 [D]. 上海: 上海外国语大学, 2017.

E. 学术论文

[1] 曹道根. 汉语含结果性成分小句中的信息重组机制 [J]. 中国语文, 2014（3）: 195-210; 287.

[2] 曹秀玲. "得"字的语法化和"得"字补语 [J]. 延边大学学报（社会科学

版), 2005 (3): 82-85.

[3]陈嘉映. 日常概念与科学概念[J]. 江苏社会科学, 2006 (1): 7-16.

[4]陈昌来. 论成事及其相关动词[J]. 汉语学习, 2002 (3): 6-12.

[5]陈忠. "V完了"和"V好了"的替换条件及其理据—兼谈"终结图式"的调控和补偿机制[J]. 中国语文, 2008 (2): 120-128; 191.

[6]陈香. 因果范畴和邻近范畴的关系[J]. 现代语文 (语言研究版), 2012 (7): 77-78; 2.

[7]陈吉荣. 图式与意象理论范畴考辨[J]. 外语研究, 2013 (6): 33-38.

[8]陈前瑞. 汉语内部视点体的聚焦度与主观性[J]. 世界汉语教学, 2003 (4): 22-31; 2.

[9]陈前瑞. 完成体与经历体的类型学思考[J]. 外语教学与研究, 2016, 48 (6): 803-814; 959.

[10]陈亚东, 洪宇, 王潇斌, 等. 利用框架语义知识优化事件抽取[J]. 中文信息学报, 2017, 31 (2): 117-125.

[11]成军. 范畴化及其认知模型[J]. 四川外语学院学报, 2006 (1): 65-70.

[12]程工, 杨大然. 现代汉语动结式复合词的语序及相关问题[J]. 中国语文, 2016 (5): 526-540.

[13]程琪龙. 事件框架的语义连贯和连通——切刻小句的实例分析[J]. 外国语 (上海外国语大学学报), 2009, 32 (3): 10-19.

[14]崔希亮. 事件分析中的八种对立[J]. 世界汉语教学, 2018, 32 (2): 162-172.

[15]池舒文, 陈维振. 被误读的亚里士多德范畴论[J]. 西安外国语大学学报, 2017, 25 (2): 21-25.

[16]戴浩一. 概念结构与非自主性语法: 汉语语法概念系统初探[J]. 当代语言学: 2002 (1): 1-12; 77.

[17]戴浩一, 黄河. 时间顺序和汉语的语序[J]. 国外语言学, 1998 (1): 10-20.

[18]戴浩一, 叶蜚声. 以认知为基础的汉语功能语法刍议 (上)[J]. 国外语言学, 1990 (4): 21-27.

[19]戴浩一, 叶蜚声. 以认知为基础的汉语功能语法刍议（下）[J]. 国外语言学, 1991（1）: 25-33.

[20]戴庆厦. 汉语的特点究竟是什么[J]. 云南师范大学学报（哲学社会科学版）, 2014, 46（5）: 8-14.

[21]戴庆厦, 黎意. 藏缅语的述补结构——兼反观汉语的述补结构[J]. 语言研究, 2004（4）: 119-125.

[22]戴耀晶. 试说汉语重动句的语法价值[J]. 汉语学习, 1998（2）: 4.

[23]邓守信. 汉语动词的时间结构[J]. 语言教学与研究, 1985（4）: 7-17; 48.

[24]董成如. 汉语"得"字构式的界化研究[J]. 现代外语, 2017, 40（6）: 743-752; 872.

[25]董秀芳. 从词汇化的角度看黏合式动补结构的性质[J]. 语言科学, 2007（1）: 40-47.

[26]董秀芳. 动词后虚化完结成分的使用特点及性质[J]. 中国语文, 2017（3）: 290-298; 382-383.

[27]杜静, 邓宇, 李福印. 施事性状态变化事件概念构建的认知机制[J]. 现代外语, 2018, 41（1）: 12-22; 145.

[28]杜军, 李福印. 事件的跨学科多视角研究[J]. 外语学刊, 2015（6）: 59-63.

[29]冯志伟. 从格语法到框架网络[J]. 解放军外国语学院学报, 2006（3）: 1-9.

[30]樊友新. 事件结构与语法研究[J]. 长春师范学院学报, 2011, 30（2）: 123-127.

[31]方梅. 篇章语法与汉语篇章语法研究[J]. 中国社会科学, 2005（6）: 165-172.

[32]顾阳. 时态、时制理论与汉语时间参照[J]. 语言科学, 2007（4）: 22-38.

[33]郭锐. 汉语动词的过程结构[J]. 中国语文, 1993, 42（6）: 410-419.

[34]郭锐. 过程和非过程——汉语谓词性成分的两种外在时间类型[J]. 中国语文, 1997（3）: 162-175.

[35]郭继懋, 王红旗. 黏合补语和组合补语表达差异的认知分析[J]. 世界汉语教学, 2001(2): 14-22.

[36]郭继懋. 与组合性述补短语有关的三个问题[J]. 暨南大学华文学院学报, 2009(2): 78-84.

[37]郭纯洁. 句法与语义界面研究60年反思[J]. 现代外语, 2018, 41(5): 711-720.

[38]韩晓方. 溯因法与语言认知: 以语言理论的建构为例[J]. 外语学刊, 2009(2): 92-95.

[39]胡裕树, 范晓. 试论语法研究的三个平面[J]. 新疆师范大学学报(哲学社会科学版), 1985(2): 7-15; 30.

[40]黄蓓. 顺序扫描与总体扫描: 虚设的二元对立[J]. 天津外国语学院学报, 2010, 17(5): 20-28.

[41]胡敕瑞. 动结式的早期形式及其判定标准[J]. 中国语文, 2005(3): 214-225; 287.

[42]姜红. 动结式中补语语义歧指现象分析[J]. 安徽大学学报(哲学社会科学版), 2007(1): 31-34.

[43]蒋鲤. 复杂动结式的语义和句法分析[J]. 华中科技大学学报(社会科学版), 2006(4): 66-70.

[44]蒋丽平. 基于事件的语言认知模式构建与解读[J]. 齐齐哈尔大学学报(哲学社会科学版), 2015(9): 112-114.

[45]金立鑫. "把"字句的句法、语义、语境特征[J]. 中国语文, 1997(6): 415-423.

[46]金立鑫. 试论行为类型、情状类型及其与体的关系[J]. 语言教学与研究, 2008(4): 1-9.

[47]金立鑫. 从普通语言学和语言类型学角度看汉语补语问题[J]. 世界汉语教学, 2011, 25(4): 449-457.

[48]金立鑫. 解决汉语补语问题的一个可行性方案[J]. 中国语文, 2009(5): 387-398; 479.

[49]兰宾汉. 也谈程度补语与结果补语[J]. 陕西师大学报(哲学社会科学版), 1993(3): 115-118.

[50]黎意. 苗语的述补结构——兼与汉语对比[J]. 中央民族大学学报, 2005(3): 107—112.

[51]黎意. 壮侗语与汉语述补结构的对比分析及其类型学特征[J]. 中央民族大学学报(哲学社会科学版), 2009, 36(6): 107-113.

[52]李讷, 石毓智. 论汉语体标记诞生的机制[J]. 中国语文, 1997(2): 82-96.

[53]李讷, 石毓智. 汉语动词拷贝结构的演化过程[J]. 国外语言学, 1997(3): 32-38.

[54]李小荣. 对述结式带宾语功能的考察[J]. 汉语学习, 1994(5): 32-38.

[55]李劲荣. 组合式述补结构的语义基础及类型[J]. 云梦学刊, 2005(5): 121-124.

[56]李思旭. 现代汉语动结式韵律构造模式初探[J]. 汉语学习, 2009(6): 62-70.

[57]李思旭. 补语"完"的内部分化、语义差异及融合度等级[J]. 语言研究, 2010, 30(1): 60-68.

[58]李思旭. 现代汉语动结式韵律构造模式初探[J]. 汉语学习, 2009(6): 62-70.

[59]李思旭. "有界""无界"与补语"完"的有界化作用[J]. 汉语学习, 2011(5): 73-82.

[60]李咸菊. 重动句的语义关系及补语的语义指向规律[J]. 喀什师范学院学报, 2004, 25(2): 53-55.

[61]李勉东. 语义结构中的结果范畴浅论[J]. 东北师大学报, 1991(3): 70-73.

[62]李勇忠. 构式义、转喻与句式压制[J]. 解放军外国语学院学报, 2004(2): 10-14.

[63]李宇明. 论空间量[J]. 语言研究, 1999(2): 12-21.

[64] 李亚非. 形式句法、象似性理论与汉语研究 [J]. 中国语文, 2014 (6): 521-530; 575.

[65] 李福印. 意象图式理论 [J]. 四川外语学院学报, 2007 (1): 80-85.

[66] 梁东汉. 现代汉语的被动式 [J]. 内蒙古大学学报 (社会科学), 1960 (2): 63-78.

[67] 廖玉萍. 论能带结果宾语的动结式中的结果补语 [J]. 河南师范大学学报 (哲学社会科学版), 2009, 36 (2): 169-172.

[68] 蔺璜. 八十年代以来动结式研究综述 [J]. 山西大学学报 (哲学社会科学版), 1998 (2): 68-73.

[69] 林巧莉, 韩景泉. 事件终结性的语言表达 [J]. 语言教学与研究, 2009 (4): 18-25.

[70] 林艳. 事件结构的多维分析模式 [J]. 武汉理工大学学报 (社会科学版), 2016, 29 (6): 1228-1232.

[71] 刘月华. 状语与补语的比较 [J]. 语言教学与研究, 1982 (1): 22-37.

[72] 刘子瑜. 敦煌变文中的三种动补式 [J]. 湖北大学学报 (哲学社会科学版), 1994 (3): 58-68; 78.

[73] 刘勋宁. 现代汉语句尾"了"的语法意义及其与词尾"了"的联系 [J]. 世界汉语教学, 1990 (2): 80-87.

[74] 刘正光. 论转喻与隐喻的连续体关系 [J]. 现代外语, 2002 (1): 62-70; 61.

[75] 刘培玉. 动结式重动句构造的制约机制及相关问题 [J]. 汉语学报, 2012 (1): 56-64; 96.

[76] 刘大为. 从事物性比喻到事件性比喻 [J]. 修辞学习, 2002 (3): 14-17.

[77] 刘街生. 动结式组构的成分及其关系探讨 [J]. 语言研究, 2006 (2): 63-68.

[78] 刘虹. 汉语动结式和动趋式之辨 [J]. 解放军外国语学院学报, 2012, 35 (5): 18-22; 127.

[79] 刘丽华, 李明君. 意象图式理论研究的进展与前沿 [J]. 哈尔滨工业大学

学报(社会科学版)，2008(4)：110-117.

[80] 刘天明. 结果范畴和结果宾语分析[J]. 长春理工大学学报(社会科学版)，2007(5)：65-68.

[81] 邓小宁. "得"字句的多角度考察[J]. 云南师范大学学报(对外汉语教学与研究版)，2011，9(3)：54-59.

[82] 刘振平. 动结式语义结构及认知域投射[J]. 求索，2009(4)：196-198.

[83] 刘辰诞. 句法结构的认知视角：框架和注意窗理论[J]. 信阳师范学院学报(哲学社会科学版)，2006(2)：86-89；103.

[84] 刘丹青. "唯补词"初探[J]. 汉语学习，1994(3)：23-27.

[85] 刘丹青. 语义优先还是语用优先——汉语语法学体系建设断想[J]. 语文研究，1995(2)：10-15.

[86] 刘丹青. 汉语动补式和连动式的库藏裂变[J]. 语言教学与研究，2017(2)：1-16.

[87] 刘春梅，尚新. 语言学视野中的"事件"及其研究[J]. 山东外语教学，2012，33(3)：52-58.

[88] 刘晓林. 补语、特殊句式和作格化[M]. 现代外语，2006(3)：248-256；329.

[89] 刘焱. "V掉"的语义类型与"掉"的虚化[J]. 中国语文，2007(2)：133-143；191-192.

[90] 刘宇红. 事件框架的结构表征与翻译[J]. 山东外语教学，2005(3)：68-71.

[91] 刘宇红. 从格语法到框架语义学再到构式语法[J]. 解放军外国语学院学报，2011，34(1)：5-9；62；127.

[92] 刘艳茹. 事件、图式与语义角色磨损[J]. 长春大学学报，2016，26(1)：32-36.

[93] 鲁川. 谓词框架说略[J]. 汉语学习，1992(4)：12-16.

[94] 鲁川，林杏光. 现代汉语语法的格关系[J]. 汉语学习，1989(5)：11-15.

[95] 陆俭明. 述补结构的复杂性[J]. 语言教学与研究，1990(1)：13-20.

[96]陆俭明.句法语义接口问题[J].外国语(上海外国语大学学报),2006
(3):30-35.

[97]陆俭明.构式语法理论的价值与局限[J].南京师范大学文学院学报,
2008(1):142-151.

[98]陆俭明.构式与意象图式[J].北京大学学报(哲学社会科学版),2009,
46(3):103-107.

[99]陆丙甫.流程切分和板块组合[J].语文研究,1985(1):36-42.

[100]陆丙甫.从语义、语用看语法形式的实质[J].中国语文,1998(5):353-
367.

[101]陆丙甫,应学凤,张国华.状态补语是汉语的显赫句法成分[J].中国语
文,2015(3):195-205;287.

[102]骆迎秀.皮尔斯溯因推理探析[J].内蒙古农业大学学报(社会科学
版),2007(5):239-241.

[103]吕明臣,许春燕.指称:建构话语系列的途径[J].吉林大学社会科学学
报,2016,56(2):173-180.

[104]马真,陆俭明.形容词作结果补语情况考察(一)[J].汉语学习,1997
(1):3-7.

[105]马真,陆俭明.形容词作结果补语情况考察(二)[J].汉语学习,1997
(4):14-18.

[106]马真,陆俭明.形容词作结果补语情况考察(三)[J].汉语学习,1997
(6):7-9.

[107]马伟林.框架理论与意义识解[J].外语与外语教学,2007(10):18-21.

[108]聂仁发.重动句的语篇分析[J].湖南师范大学社会科学学报,2001
(1):114-118.

[109]彭芳,秦洪武.倒置动结式的事件语义分析[J].外语学刊,2017(4):
51-56.

[110]任鹰.主宾可换位动结式述语结构分析[J].中国语文,2001(4):320-
328;384.

[111] 山田留里子. 双音节形容词作状语情况考察 [J]. 世界汉语教学, 1995 (3): 27-34.

[112] 杉村博文. 论现代汉语 "把" 字句 "把" 的宾语带量词 "个" [J]. 世界汉语教学, 2002 (1): 18-27; 114.

[113] 邵军航, 余素青. 认知语言学的经验观、突显观、注意观及其一致性 [J]. 上海大学学报 (社会科学版), 2006 (3): 124-130.

[114] 沈力. "因果链" 的表达策略与类型 [J]. 当代语言学, 2016, 18 (2): 159-175.

[115] 沈力. 关于汉语结果复合动词中参项结构的问题 [J]. 语文研究, 1993 (3): 12-21.

[116] 沈家煊. 句法的象似性问题 [J]. 外语教学与研究, 1993 (1): 2-8; 80.

[117] 沈家煊. R. W. Langacker 的 "认知语法" [J]. 国外语言学, 1994 (1): 12-20.

[118] 沈家煊. "有界" 与 "无界" [J]. 中国语文, 1995 (5): 367-380.

[119] 沈家煊. 如何处置 "处置式"?——论把字句的主观性 [J]. 中国语文, 2002 (5): 387-399; 478.

[120] 沈家煊. 现代汉语 "动补结构" 的类型学考察 [J]. 世界汉语教学, 2003 (3): 17-23; 2.

[121] 沈家煊. 如何解决补语问题 [J]. 世界汉语教学, 2010, 24 (4): 435-445.

[122] 沈阳, 玄玥. "完结短语" 及汉语结果补语的语法化和完成体标记的演变过程 [J]. 汉语学习, 2011 (1): 3-14.

[123] 施春宏. 动词拷贝句的语法化机制及其发展层级 [J]. 国际汉语学报, 2014, 5 (1): 1-27.

[124] 石毓智. 论现代汉语的 "体" 范畴 [J]. 中国社会科学, 1992 (6): 183-201.

[125] 石毓智. 古今汉语动词概念化方式的变化及其对语法的影响 [J]. 汉语学习, 2003 (4): 1-8.

[126] 史锡尧. "介宾+动" 向 "动宾" 的演变——语言的经济性原则 [J]. 汉

语学习, 2000（1）: 6-7.

[127]史维国. "语义滞留"原则及其在汉语语法中的表现[J]. 外语学刊, 2016（6）: 94-97.

[128]史维国. 汉语研究应重视"语言经济原则"[N]. 中国社会科学报, 2014-04-21

[129]史有为. 汉语"时体"的再认识——以"了"为中心[J]. 语言科学, 2017, 16（2）: 126-141.

[130]宋文辉. 和确定黏合式述补结构语法地位相关的几个形态学问题[J]. 语文研究, 2015（4）: 42-49.

[131]帅志嵩. "哭湿"类动结式的衍生过程及其词汇化[J]. 语言教学与研究, 2009（3）: 15-20.

[132]帅志嵩. 中古汉语"完成"语义范畴的表达体系[J]. 南开语言学刊, 2010（1）: 71-80; 187.

[133]帅志嵩. 从事件结构看汉语动结式的衍生途径[J]. 南开语言学刊, 2014（1）: 91-101.

[134]税昌锡. 附着事件、附着动词及相关句法语义[J]. 汉语学报, 2008（3）: 12-22; 95.

[135]税昌锡. 事件过程与存现构式中的"了"和"着"[J]. 语言科学, 2011（3）: 231-245.

[136]税昌锡. 过程哲学观中的事件及其语言表达式[J]. 贵州师范大学学报（社会科学版）, 2014（4）: 19-24.

[137]陶明忠, 马玉蕾. 框架语义学——格语法的第三阶段[J]. 当代语言学, 2008（1）: 35-42; 93-94.

[138]谭景春. "动+结果宾语"及相关句式[J]. 语言教学与研究, 1997（1）: 85-97.

[139]项开喜. 汉语重动句式的功能研究[J]. 中国语文, 1997（4）: 260-267.

[140]邢福义. 汉语小句中枢语法系统论略[J]. 华中师范大学学报（人文社会科学版）, 1998（1）: 4-10; 130.

[141] 熊仲儒, 刘丽萍. 汉语动结式的核心 [J]. 暨南大学华文学院学报, 2005 (4): 39-49.

[142] 王黎. 关于构式和词语的多功能性 [J]. 外国语（上海外国语大学学报）, 2005 (4): 2-5.

[143] 王连盛. 动结式的词汇化及其机制——以 "V破" 为例 [J]. 汉语学习, 2018 (1): 104-112.

[144] 王纯清. 汉语动宾结构的理解因素 [J]. 世界汉语教学, 2000 (3): 34-43.

[145] 王红旗. 谓词充当结果补语的语义限制 [J]. 汉语学习, 1993 (4): 17-21.

[146] 王红旗. 动结式述补结构的语义是什么 [J]. 汉语学习, 1996 (1): 24-27.

[147] 王红旗. 动结式述补结构在把字句和重动句中的分布 [J]. 语文研究, 2001 (1): 6-11.

[148] 王红旗. 框架及其在语言表达中的作用 [J]. 语言研究, 2004 (1): 12-18.

[149] 王秀珍. 关于结果宾语 [J]. 汉语学习, 2000 (2): 8-11.

[150] 王灿龙. 重动句补议 [J]. 中国语文, 1999 (2): 122-125.

[151] 王灿龙. 试论小句补语句 [J]. 语言教学与研究, 2000 (2): 65-71.

[152] 王寅. 动结构式的体验性事件结构分析 [J]. 外语教学与研究（外国语文双月刊）, 2009, 41 (5): 345-350; 400-401.

[153] 王珏, 陈丽丽, 谭静. 句子的三层结构及其分析程序 [J]. 华东师范大学学报（哲学社会科学版）, 2008 (3): 19-26.

[154] 王广成, 王秀卿. 事件结构的句法映射——以 "把" 字句为例 [J]. 现代外语（季刊）, 2006 (4): 354-361; 436-437.

[155] 吴福祥. 汉语体标记 "了、着" 为什么不能强制性使用 [J]. 当代语言学, 2005 (3): 237-250; 286.

[156] 吴福祥. 从 "得" 义动词到补语标记——东南亚语言的一种语法化区域 [J]. 中国语文, 2009 (3): 195-211; 287.

[157] 吴平. 试论事件语义学的研究方法 [J]. 外语与外语教学, 2007 (4): 8-12.

[158] 吴小芳, 程家才. 识解理论再述 [J]. 齐齐哈尔大学学报 (哲学社会科学版), 2015 (11): 117-119; 128.

[159] 伍雅清, 杨稼辉. 再论汉语是否存在完成动词 [J]. 现代外语, 2015, 38 (6): 731-741; 872.

[160] 杨素英. 从情状类型来看 "把" 字句 (上) [J]. 汉语学习, 1998 (2): 10-13.

[161] 杨素英. 从情状类型来看 "把" 字句 (下) [J]. 汉语学习, 1998 (3): 10-12.

[162] 向明友. 论言语配置的新经济原则 [J]. 外语教学与研究, 2002 (5): 309-316; 380.

[163] 熊学亮. 认知相关、交际相关和逻辑相关 [J]. 现代外语, 2000 (1): 13-23.

[164] 熊学亮, 魏薇. 倒置动结式的致使性透视 [J]. 外语教学与研究, 2014, 46 (4): 497-507; 639.

[165] 徐通锵. 自动和使动——汉语语义句法的两种基本句式及其历史演变 [J]. 世界汉语教学, 1998 (1): 12-22.

[166] 徐盛桓. 常规关系与认知化——再论常规关系 [J]. 外国语 (上海外国大学学报), 2002 (1): 6-16.

[167] 徐盛桓. 语篇建构中的事件和语境 [J]. 宁波大学学报 (人文科学版), 2009, 22 (6): 59-64.

[168] 徐盛桓, 李恬, 华鸿燕. 意象建构与句法发生——语法语义接口研究的 "用例事件" 模式 [J]. 华南理工大学学报 (社会科学版), 2014, 16 (5): 125-131.

[169] 徐雷, 潘珺. 事件表示方式及其语义表示模型研究 [J]. 情报杂志, 2019, 38 (6): 159-167.

[170] 玄玥. 现代汉语动结式补语是一种内部情态体 "完结短语" 假设对动结式结构的解释 [J]. 华文教学与研究, 2011 (1): 67-78.

[171] 玄玥. 动词 "完结" 范畴考察与类型学分析 [J]. 世界汉语教学, 2017, 31

（1）: 20-35.

[172] 薛凤生. 试论"把"字句的语义特性 [J]. 语言教学与研究, 1987（1）: 4-22.

[173] 杨荣祥. 上古汉语结果自足动词的语义句法特征 [J]. 语文研究, 2017（1）: 11-17.

[174] 杨尔弘, 曾青青, 李婷婷. 事件信息结构分析 [J]. 中文信息学报, 2012, 26（3）: 92-97.

[175] 殷红伶. 英语动结式的语义结构问题 [J]. 解放军外国语学院学报, 2010, 33（6）: 15-18; 30; 127.

[176] 袁毓林. 述结式配价的控制-还原分析 [J]. 中国语文, 2001（5）: 399-410; 479.

[177] 袁毓林. 汉语中的概念转喻及其语法学后果 [J]. 语言教学与研究, 2018（1）: 30-43.

[178] 岳俊发. "得"字句的产生和演变 [J]. 语言研究, 1984（2）: 10-30.

[179] 曾国才. 语法构式的事件结构认知研究 [J]. 西安外国语大学学报, 2015, 23（1）: 38-42.

[180] 曾莉. 基于事件语义学的汉语双宾语句分析 [J]. 南昌大学学报（人文社会科学版）, 2010, 41（3）: 128-131.

[181] 张黎. "界变"论——关于现代汉语"了"及其相关现象 [J]. 汉语学习, 2003（1）: 17-21.

[182] 张黎. 汉语补语的分类及其认知类型学价值 [J]. 对外汉语研究, 2008（1）: 1-12.

[183] 张黎. 汉语"动作—结果"的句法呈现及其认知类型学的解释 [J]. 对外汉语研究, 2010（1）: 94-109.

[184] 张伯江. 被字句和把字句的对称与不对称 [J]. 中国语文, 2001（6）: 519-524; 575-576.

[185] 张伯江. 构式语法应用于汉语研究的若干思考 [J]. 语言教学与研究, 2018（4）: 2-11.

[186] 张豫峰. "得"字句补语的语义指向 [J]. 山西师大学报(社会科学版),2002(1):116-119.

[187] 张翼. 倒置动结式的认知构式研究 [J]. 外国语(上海外国语大学学报),2009,32(4):34-42.

[188] 张翼. 致使语义的概念化和句法表征 [J]. 外国语(上海外国语大学学报),2014,37(4):81-87.

[189] 张建丽,孙启耀. 框架理论说略 [J]. 广州大学学报(社会科学版),2011,10(10):70-74.

[190] 张国华,杨继国. 现代汉语完成范畴的语法意义 [J]. 淮北煤师院学报(哲学社会科学版),2001(5):110-112.

[191] 赵琪. 英汉动结式的共性与个性 [J]. 外语教学与研究,2009,41(4):258-265.

[192] 周长银. 事件结构的语义和句法研究 [J]. 当代语言学,2010,12(1):33-44;94.

[193] 周强,王俊俊,陈丽欧. 构建大规模的汉语事件知识库 [J]. 中文信息学报,2012,26(3):86-91;103.

[194] 朱文雄. 试论结果宾语 [J]. 广西民族学院学报(哲学社会科学版),1990(2):144-148;178.

[195] 朱景松. 补语意义的引申和虚化 [J]. 安徽师大学报(哲学社会科学版),1987(4):95-105.

[196] 朱怀. 事件结构理论的起源与发展 [J]. 外语学刊,2011(6):82-85.

[197] 左思民. 汉语时体标记系统的古今类型变化 [J]. 汉语学报,2007(2):11-23;95.

[198] 左思民. 动词的动相分类 [J]. 华东师范大学学报(哲学社会科学版),2009,40(1):74-82.

附录1　《现代汉语词典》动补式复合词用例考察

　　我们对《现代汉语词典》（第7版）中的动补式复合词进行了考察，动补复合词以双音词为主，另外还有一些三音节复合词。即补语性成分中单音节占绝大多数，也存在少量双音节成分。单音节补语性成分表动作变化义动词性成分居多，主要包括：见、破、死、穿、害、越、除、留、败、灭、退、逃、展、倒、泄、没、藏、杀、折、定、裂、落、走、取、存、塌、坍、散、开、动、激、进、起、断、弃、出、陷、毙、入、扰、示、来、去、爆、醒、吓、避、躲、掉等。补语性成分形容词性成分占比相对少数，其中包括：透、轻、重、齐、乱、大、明、平、高、足、正、新、活、清、消、对、低、浑、准等。三音节动补复合词主要有：看上去、看得起、靠得住、靠不住、免不得、免不了、拗不过、对得起、对得住、犯得上、犯得着、犯不上、犯不着、赶不及、赶得及、恨不得、恨不能、划不来、划得来、豁出去、禁不起、禁不住、禁得起、禁得住、信不过、信得过等。

一、双音节动补复合词

（一）VA式动补复合词

　　《现代汉语词典》（第7版）中收录的形容词性成分构成的动补复合词（VA式）主要有以下用例：

　　1. 看透：动词。（1）透彻地了解（对手的计策、用意等）：这一着

棋我看不透。（2）透彻地认识（人或事物的负面特性）：看透了世道人情|这个人我看透了，没什么真才实学。

2. 看齐：动词。（1）整队时，以指定人为标准排齐站在一条线上。（2）拿某人或某种人作为学习的榜样：向先进工作者看齐。

3. 看轻：动词。轻视：不要看轻环保工作。

4. 看重：动词。很看得起；看得很重要：看重知识|我最看重的是他的人品。

5. 看淡：动词。（1）（行情、价格等）将要出现不好的势头：行情看淡|销路看淡。（2）认为（行情、价格等）将要出现不好的势头：商界普遍看淡钟表市场。

6. 扩大：动词。使（范围、规模等）比原来大：扩大再生产|扩大战果|扩大眼界|扩大影响|扩大耕地面积。

7. 判明：动词。分辨清楚；弄清楚：判明是非|判明真相。

8. 拔高：动词。（1）提高：拔高嗓子唱。（2）有意抬高某些人物或作品等的地位：这部作品对主人公过分拔高，反而失去了真实性。

9. 扳平：动词。在体育比赛中扭转落后的局面，使成平局：终场前，甲队将比分扳平。

10. 阐明：动词。讲明白（道理）：历史唯物主义是阐明社会发展规律的科学。

补足：动词。补充使足数。

11. 捣乱：动词。（1）进行破坏；扰乱。（2）（存心）跟人找麻烦。

12. 改正：动词。把错误的改为正确的：改正缺点|改正错别字。

13. 更新：动词。（1）旧的去了，新的到来；除去旧的，换成新的：万象更新|更新设备|更新武器。（2）森林经过采伐、火灾或破坏后重新长起来。

14. 更正：动词。改正已发表的谈话或文章中有关内容或字句上的错误：更正启事|那篇讲话要更正几个字。

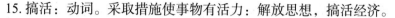

15. 搞活：动词。采取措施使事物有活力：解放思想，搞活经济。

16. 减低：动词。降低：减低物价|减低速度。

17. 降低：动词，下降；使下降：温度降低了|降低物价|降低要求。

18. 减轻：动词。减少重量或程度：减轻负担|病势减轻。

19. 校准：动词。校对机器、仪器等使准确。

20. 校正：动词。校对订正：校正错字|重新校正炮位。

21. 搅浑：动词。搅动使浑浊：把水搅浑（比喻故意制造混乱）。

22. 加强：动词。使更坚强或更有效：加强团结|加强领导|加强爱国主义教育。

23. 减弱：动词。（1）（气势、力量等）变弱：风势减弱|兴趣减弱|凝聚力减弱了。（2）使变弱：暴雨减弱了大火的威势。

24. 矫正：动词。改正；纠正：矫正发音|矫正错误|矫正偏差。

25. 搅乱：动词。搅扰使混乱；扰乱：搅乱人心|搅乱会场。

通过我们对上面用例的分析可以看到，单音节补语性成分中形容词性占相对少数，其中包括：透、轻、重、齐、乱、大、明、平、高、足、正、新、活、清、淆、对、低、浑、准、弱等。这类形容词成分情感表现义不突出，多是对动作状态的变化情况做出说明，动态变化义较为明显，而主观情感表现义较弱。

（二）VV式动补式复合词

《现代汉语词典》（第7版）中收录的动词性成分构成的动补式复合词（VV式）主要有以下用例：

1. 看见：动词。看到：看得见|看不见|从来没看见过这样的怪事。

2. 看破：动词。看透：看破红尘。

3. 看上：动词。看中：看得上|看不上|她看上了这件上衣。

4. 看死：动词。指把人或事看得一成不变：要看到他的进步，别把人家看死了。

5. 看中：动词。经过观察，感觉合意：看得中|看不中|你看中哪个就买哪个。

6. 看穿：动词。看透：看穿了对方的心思。

7. 坑害：动词。用狡诈、狠毒的手段使人受到损害：不法商人销售伪劣商品坑害消费者|罗织罪名坑害好人。

8. 跨越：动词。越过地区或时期的界限：跨越障碍|跨越长江天堑|跨越了几个世纪

9. 扣除：动词。从总额中减去：扣除损耗|扣除伙食费还有结余。

10. 扣留：动词。用强制手段把人或钱财、物品留住不放：由于违章，交警扣留了他的驾驶证。

11. 溃败：动词。（军队）被打垮：敌军溃败南逃。

12. 溃烂：动词。伤口或发生溃疡的组织由于病菌的感染而化脓。

13. 溃灭：动词。崩溃灭亡：邪恶势力必定溃灭。

14. 溃散：动词。（军队）被打垮而逃散。

15. 溃退：动词。（军队）被打垮而后退：敌军狼狈溃退。

16. 溃逃：动词。（军队）被打垮而逃跑：闻风溃逃。

17. 扩散：动词。扩大分散出去：扩散影响|毒素已扩散到全身。

18. 扩展：动词。向外伸展；扩大：小巷扩展成了马路|五年内全省林地将扩展到一千万亩。

19. 拉倒：口语，动词。算了；作罢：你不去就拉倒。

20. 迫害：动词。压迫使受害（多指政治性的）：遭受迫害|迫害致死。

21. 迫使：动词。用强力或压力使做（某事）：迫使对方让步|时间迫使我们不得不改变计划。

22. 破除：动词。除去（原来被人尊重或信仰的事物）：破除情面|破除迷信。

23. 破坏：动词。（1）使建筑物等损坏：破坏桥梁|破坏文物。（2）使事物受到损害：破坏生产|破坏名誉。（3）变革（社会制度、风俗习惯等）。（4）违反（规章、条约等）：破坏协定|破坏规矩。（5）（物体的组织或结构）损坏：维生素C因受热而破坏。

24. 破裂：动词。（1）（完整的东西）出现裂缝；开裂：棉桃成熟

时，果皮破裂。（2）（感情、关系等）遭破坏而分裂。

25.破落：动词。（1）（家境）由盛而衰：破落户|家业破落。（2）形容词。破败：破落的茅屋。

26.破灭：动词。（幻想或希望）落空。

27.破碎：动词。（1）破成碎块：这纸年代太久，一翻就破碎了。|山河破碎。（2）使破成碎块：这台破碎机每小时可以破碎多少吨矿石？

28.败走：动词。作战失败而逃（往某地），也指在某地（一般不是原所在地）比赛或竞争失败。

29.败亡：动词。失败而逃亡。

30.败退：动词。战败而退却：节节败退。

31.败落：动词。由盛而衰；破落；衰落：家道败落。

32.扳倒：动词。（1）使倒下：扳倒了一块石头。（2）比喻战胜；击败（实力比较强大的对手）：扳倒上届冠军。

33.拔除：动词。拔掉；除去：拔除杂草|拔除敌军据点。

34.崩裂：动词。（物体）猛然分裂成若干部分：炸药轰隆一声，山石崩裂。

35.崩溃：动词。完全破坏；垮掉：大坝崩溃|精神崩溃|敌军全线崩溃|经济濒临崩溃。

36.崩塌：动词。崩裂而倒塌：江堤崩塌。

37.崩坍：动词。悬崖、陡坡上的岩石、泥土崩裂散落下来；崩塌：山崖崩坍。

38.逼迫：动词。紧紧地催促；用压力促使：在环境的逼迫下，他开始变得勤奋了。

39.摒除：动词。排除；除去：摒除杂念。

40.摒绝：动词。排除：摒绝妄念|摒绝应酬。

41.剥夺：动词。（1）用强制的方法夺去：剥夺劳动成果。（2）依照法律取消：剥夺政治权利。

42.残杀：动词。杀害：自相残杀|残杀无辜。

43. 拆散₁：动词。使成套的物件分散：这套瓷器千万不要拆散了。

44. 拆散₂：动词。使家庭、集体等分散：拆散婚姻|拆散联盟。

45. 拆毁：动词。拆除毁坏：在城市建设中要防止一些古旧建筑被拆毁。

46. 拆除：动词。拆掉（建筑物等）：拆除脚手架|拆除防御工事。

47. 敞开：（1）动词。大开；打开：敞开衣襟|大门敞开着。（2）副词。放开，不加限制；尽量：你有什么话就敞开说吧。

48. 触怒：动词。触犯使发怒：他的无理取闹触怒了众人。

49. 触杀：动词。因接触而杀死：这种农药对蚜虫等有较高的触杀效果。

50. 触发：动词。受到触动而引起某种反应：雷管爆炸，触发了近旁的炸药|电台播放的家乡民歌触发了他心底的思乡之情。

51. 戳穿：动词。（1）刺穿：刺刀戳穿了胸膛。（2）说破；揭穿：假话当场被戳穿。

52. 促成：动词。推动使成功：这件事是他大力促成的。

53. 促进：动词。促使前进；推动使发展：促进派|促进工作|促进两国的友好合作。

54. 促使：动词。推动使达到一定目的：促使发生变化|促使生产迅速发展。

55. 促退：动词。促使退步；促退派。

56. 打倒：动词。（1）击倒在地：一拳把他打倒。（2）攻击使垮台；推翻：打倒侵略者!

57. 打开：动词。（1）揭开；拉开；解开：打开箱子|打开抽屉|打开书本|打开包袱。（2）使停滞的局面开展，狭小的范围扩大：打开局面。

58. 打破：动词。突破原有的限制、拘束等：打破常规|打破纪录|打破情面|打破沉默。

59. 捣毁：动词。砸坏；击垮：捣毁敌巢|捣毁犯罪团伙的窝点。

60. 颠倒：动词。（1）上下、前后跟原有的或应有的位置相反：把这

两个字颠倒过来就顺了|这一面朝上，别放颠倒了。（2）使颠倒：颠倒黑白|颠倒是非。（3）错乱：神魂颠倒。

61. 颠覆：动词。（1）翻到：防止列车颠覆。（2）采取阴谋手段从内部推翻合法政府：颠覆活动。

62. 颠仆：书面语，动词。跌倒：颠仆不起。

64. 跌落：动词。（1）（物体）往下掉。（2）（价格、产量等）下降。

64. 断绝：动词。原来有联系的停止联系或失去联系；原来连贯的不再连贯：断绝关系|断绝来往|断绝交通。

65. 断定：动词。下结论：我敢断定这事是他干的|这场比赛的结果，还难以断定。

66. 断裂：动词。断开；分裂：船身断裂|地层断裂。

67. 堕落：动词。（1）思想、行为往坏里变：腐化堕落。（2）沦落；流落（多见于早期白话）：堕落风尘。

68. 搞定：动词。把事情办妥；把问题解决好：这件事很快就可以搞定。

69. 割断：动词。截断；切断：割断绳索|历史无法割断

70. 割裂：动词。把不应当分割的东西分割开（多指抽象的事物）。

71. 革出：动词。开除出去：革出教门。

72. 隔断：动词。阻隔；使断绝：高山大河隔不断我们两国人民之间的联系和往来。

73. 隔绝：动词。隔断：音信隔断|与世隔绝|降低温度和隔绝空气是灭火的根本方法。

74. 隔离：动词。（1）不让聚在一起，使断绝往来。（2）把患传染病的人、畜和健康的人、畜分开，避免接触：隔离病房|病毒性肝炎患者需要隔离。

75. 攻陷：动词。攻下；攻占（多用于被敌方攻下）：县城被敌军攻陷。

76. 击毁：动词。击中并摧毁：击毁敌方坦克三辆|建筑物被雷电击毁。

77. 击败：动词。打败：击败对手，获得冠军。

78. 击毙：动词。打死（多指用枪）。

79. 激荡：动词。（1）因受冲击而动荡：海水激荡|感情激荡。（2）冲击使动荡：激荡人心。

80. 激动：形容词。（1）（感情）因受刺激而冲动：情绪激动。（2）使感情冲动：激动人心。

81. 激发：动词。（1）刺激使奋发：激发群众的积极性。（2）使分子、原子等由能量较低的状态变为能量较高的状态。

82. 激化：动词。（1）（矛盾）向激烈尖锐的方面发展：避免矛盾激化。（2）使激化：激化矛盾。

83. 挤对：动词。（1）逼迫使屈从：他不愿意，就别挤对他了。（2）排挤；欺负：他初来乍到的时候挺受挤对的。

84. 加入：动词。（1）加上；掺进去：加入食糖少许。（2）参加进去：加入工会|加入足球队。

85. 加上：连词。承接上句，有进一步的意思，下文多表示结果：他不太用功，加上基础也差，成绩老是上不去。

86. 剪灭：动词。剪除；消灭：剪灭群雄。

87. 绞杀：动词。（1）用绳勒死。（2）比喻压制、摧残使不能存在或发展：绞杀革命|绞杀新生事物。

88. 搅浑：动词。搅动使浑浊：把水搅浑（比喻故意制造混乱）。

89. 搅乱：动词。搅扰使混乱；扰乱：搅乱人心|搅乱会场。

90. 搅扰：动词。（动作、声音或用动作、声音）影响别人使人感到不安：姐姐温习功课，别去搅扰她。

91. 剿灭：动词。用武力消灭：剿灭土匪。

92. 剿除：动词。剿灭。

93. 揭穿：动词。揭露；揭破：揭穿阴谋|揭穿谎言|假面具被揭穿了。

94. 揭破：动词。使掩盖着的真相显露出来：揭破诡计。

95. 截断：动词。（1）切断：高温的火焰能截断钢板。（2）打断；拦住：电话铃声截断了他的话。

96. 截取：动词。从中取（一段或一部分）：截取文章开头的几句。

97. 解除：动词。去掉；消除：解除警报|解除顾虑|解除武装|解除职务。

98. 进来₁：动词。从外面到里面来：你进来，咱俩好好儿谈谈心|门开着，谁都进得来；门一关，谁也进不来。

99. 进来₂：动词，趋向动词。用在动词后，表示到里面来：烟冲进来了|他从街上跑进来|窗户没糊好，风吹得进来|我看见从外面走进一个人来。

100. 进去₁：动词。从外面到里面去：你进去看看，我在门口等着你|我有票，进得去；他没票，进不去。

101. 进去₂：动词，趋向动词。用在动词后，表示到里面去：把桌子搬进去|瓶口很大，手都伸得进去|胡同太窄，卡车开不进去|从窗口递进一封信去。

102. 惊爆：动词。因突然传出某种信息或出现某种情况而使人震惊：网上惊爆赌球内幕。

103. 惊动：动词。（1）举动影响旁人，使吃惊或受侵扰：娘睡了，别惊动她。（2）客套话，表示打扰、麻烦了他人：不好意思，为这点儿小事惊动了您。

104. 惊醒₁：动词。（1）受惊动而醒来：突然从梦中惊醒|在大家的批评帮助下，他才惊醒过来。（2）使惊醒：别惊醒了孩子。

105. 惊醒₂：形容词。睡眠时容易醒来：他睡觉很惊醒，有点儿响动都知道。

106. 惊吓：动词。因意外的刺激而害怕：孩子受了惊吓，哭起来了。

107. 破除：动词。除去（原来被人尊重或信仰的事物）：破除情面|破除迷信。

108. 扑灭：（1）扑打消灭：扑灭蚊蝇。（2）扑打使熄灭：扑灭大火。

109. 驱散：动词。（1）赶走，使散开：驱散围观的人|大风驱散了乌云。（2）消除，排除：习习的晚风驱散了一天的闷热。

110. 驱除：动词。赶走；除掉：驱除蚊蝇|驱除邪恶|驱除不良情绪。

111. 驱动：动词。（1）施加外力，使动起来：这个泵可以用压缩空气来驱动。（2）驱使；推动：不法商贩受利益驱动，制造仿名牌的假货。

112. 杀害：动词。杀死；害死（多指为了不正当目的）：惨遭杀害|杀害野生动物。

113. 杀灭：动词。杀死；消灭（病菌、害虫等）：杀灭蟑螂。

114. 芟除：动词。（1）除去（草）：芟除杂草。（2）删除：文辞烦冗，芟除未尽。

115. 失掉：动词。（1）原有的不再具有；没有了：失掉联络|失掉作用。（2）没有取得或没有把握住：失掉机会。

116. 推升：动词。推动使升高：原材料涨价推升了工业品的成本。

117. 推进：动词。（1）（战线或作战的军队等）向前进：主力正向前沿阵地推进。（2）推动工作，使前进：把学科的研究推进到一个新阶段。

118. 推翻：动词。（1）用武力打垮旧的政权，使局面彻底改变：推翻反动统治。（2）根本否定已有的说法、计划、决定等：推翻原有结论|推翻强加给给他的污蔑不实之词。

119. 推动：动词。使事物前进；使工作展开：总结经验，推动工作。

120. 退出：动词。离开会场或其他场所，不再参加；脱离团体或组织：退出会场|退出战斗|退出组织。

121. 打垮：打击使崩溃；摧毁：打垮封建势力|打垮了敌人的精锐师团。

通过我们对用例的分析可以看到，单音节补语性成分中动词性成分占多数，其中包括：见、破、死、穿、害、越、除、留、败、灭、退、逃、展、倒、泄、没、藏、杀、折、定、裂、落、走、取、存、塌、坍、散、开、动、激、进、起、断、弃、出、陷、毙、入、扰、示、来、去、爆、醒、吓、避、躲、掉、垮等。这类补语性成分在古汉语中多为动作—结果义、动作-趋向义的单音节动词。所以这一类动补复合词在形式上黏合也最为紧密。

二、三音节动补式复合词

三音节动补复合词主要由"得""不"构成，主要包括：看上去、看得起、靠得住、靠不住、免不得、免不了、拗不过、对得起、对得住、犯得上、犯得着、犯不上、犯不着、赶不及、赶得及、恨不得、恨不能、划不来、划得来、豁出去、禁不起、禁不住、禁得起、禁得住、信不过、信得过等。其中四例是形容词：靠得住、靠不住、划得来、划不来，其余都是动词。

1. 看上去：从表面判断、估计：她已年过五十，但看上去也就四十来岁。

2. 看得起：口语，动词。重视：你要是看得起我，就给我这个面子。

3. 看上眼：看中；合意：这么低档的东西，她才不会看上眼呢！|这点儿小钱人家根本看不上眼。

4. 免不得：动词。免不了：在这个问题上他们的看法分歧很大，免不得有一场争论。

5. 免不了：动词。不可避免；难免：在前进的道路上，困难是免不了的|刚会走的孩子免不了要摔跤。

6. 拗不过：动词。无法改变（别人的坚决的意见）：他拗不过老大娘，只好答应了。

7. 对得起：动词。对人无愧；不辜负：只有学好功课，才对得起老师。

8. 对得住：动词。对得住。

9. 犯得上：动词。犯得着：一点儿小事，跟孩子发脾气犯得上吗？

10. 犯得着：动词。值得（多用于反问句）：为这么点儿小事犯得着再去麻烦人吗？

犯不上：动词。犯不着：他不懂事，跟他计较犯不上。

11. 犯不着：动词。不值得：犯不着为这点小事情着急。

12. 恨不得：动词。急切希望（实现某事）；巴不得：他恨不得长出翅膀来一下子飞到北京去。也说恨不能。

13. 恨不能：动词。恨不得。

14. 赶不及：动词。来不及：船七点开，动身晚了就赶不及了。

15. 赶得及：动词。来得及：马上动身，还赶得及。

16. 禁不起：动词。承受不住（多用于人）：禁不起考验。

17. 禁不住：动词。（1）承受不住（用于人或物）：这种植物禁不住霜冻|你怎么这样禁不住批评？（2）抑制不住；不由得：禁不住笑了起来。

18. 禁得起：动词。承受得住（多用于人）：青年人要禁得起艰苦环境的考验。

19. 禁得住：动词。承受得住（用于人或物）：河上的冰已经禁得住人走了。

20. 豁出去：动词。表示不惜付出任何代价：事已至此，我也只好豁出去了。

21. 信不过：动词。不能信任：我们信不过这种以权谋私的人。

22. 信得过：动词。可以信任：群众信得过这家便民商店。

23. 靠得住：形容词。可靠；可以相信：这个消息靠得住吗？|这个人靠得住，这件事就交他办吧。

24. 靠不住：形容词。不可靠；不能相信：他这话靠不住。

25. 划不来：形容词。不合算；不值得：为这点儿小事跑那么远的路，划不来。

26. 划得来：形容词。合算；值得：花这么点儿钱，解决那么多问题，划得来！

附录2　《汉语动词—结果补语搭配词典》中V₁+V₂/A

（单音节）用例考察

在 V_1+V_2 中，V_2 是自主义的动词时，我们在词典中查找到"V+懂""V+会"两例。

（1）V+懂：搞懂、讲懂、看懂、弄懂、听懂。

（2）V+会：背会、教会、看会、练会、学会。

在 V_1+V_2 中，V_2 是非自主义动词时，该词典中主要有以下用例。

（1）V+爆：吹爆、晒爆。

（2）V+崩：吹崩、说崩、谈崩。

（3）V+绷：剁绷、砸绷、凿绷。

（4）V+病：憋病、撑病、吹病、冻病、饿病、浇病、累病、气病、吓病。

（5）V+残：打残、磕残、弄残、碰残、烧残、摔残、踢残、轧残、砸残、炸残。

（6）V+沉：打沉、击沉、压沉、撞沉。

（7）V+穿：叉穿、刺穿、打穿、滴穿、钉穿、看穿、说穿、凿穿、扎穿。

（8）V+串：背串、唱串、抄串、答串、记串、看串、念串、说串、写串。

（9）V+倒（三声）：按倒、扒倒、扒拉倒、绊倒、别倒、病倒、踩倒、蹭倒、冲倒、抽倒、锄倒、踹倒、吹倒、打倒、拄倒、蹬倒、跌倒、顶倒、摁倒、放倒、刮倒、跪倒、滑倒、晃倒、昏倒、击倒、挤倒、砍倒、靠倒、哭倒、拉倒、撂倒、弄倒、碰倒、扑倒、摔倒、躺倒、踢倒、推倒、卧倒、晕倒、砸倒、拽倒、醉倒、难倒、问倒、吓倒。

（10）V+掉₁：拔掉、掰掉、摆脱掉、剥掉、踩掉、蹭掉、扯掉、撤掉、锄掉、吹掉、打掉、掸掉、拄掉、颠掉、蹬掉、冻掉、剁掉、硌掉、刮掉、滑掉、挤掉、剪掉、锯掉、磕掉、拿掉、弄掉、刨掉、碰掉、撇掉、掐掉、去掉、甩掉、撕掉、剃掉、捅掉、脱掉、掀掉、削掉、笑掉、轧掉、摘掉、撞掉。

（11）V+丢：搬丢、刮丢、挤丢、寄丢、弄丢、掏丢、走丢。

（12）V+断：拔断、掰断、别断、拨断、抽断、打断、跌断、割断、刮断、剪断、绞断、截断、揪断、锯断、撅断、砍断、拉断、勒断、磨断、碰断、切断、烧断、摔断、炸断、折断、挣断、拽断。

（13）V+翻：踩翻、蹬翻、开翻、推翻、掀翻、炸翻、撞翻、闹翻、惹翻。

（14）V+飞：吓飞、炸飞。

（15）V+服：说服、压服、制服。

（16）V+鼓：吃鼓、吹鼓、气鼓。

（17）V+煳：炒煳、煎煳、烤煳、熨煳、炸煳、做煳。

（18）V+化：熬化、烤化、晒化。

（19）V+昏：打昏、饿昏、搞昏、晒昏、吓昏。

（20）V+混：搞混、记混、念混、弄混。

（21）V+豁：扒豁。

（22）V+绝：办绝、说绝、用绝、做绝。

（23）V+卷：揣卷、弄卷、晒卷。

（24）V+开₁：泡开、沏开、烧开、煮开。

（25）V+哭：打哭、逗哭、饿哭、急哭、骂哭、批评哭、说哭、吓哭。

（26）V+垮：冲垮、打垮、搞垮、挤垮、累垮、拖垮、压垮。

（27）V+愣：打愣、看愣、听愣、问愣、笑愣。

（28）V+裂：冻裂、踩裂、吹裂、烤裂、拧裂、晒裂、烧裂、摔裂、砸裂、震裂。

（29）V+漏：踩漏、烧漏、用漏。

（30）V+灭：踩灭、吹灭、封灭、盖灭、刮灭、划灭、浇灭、掐灭、捅灭、捂灭、压灭。

（31）V+恼：惹恼、说恼。

（32）V+怕：打怕、丢怕、挤怕、冷怕、骂怕、欺负怕、穷怕、吓怕、蛰怕。

（33）V+跑：冲跑、吹跑、打跑、叼跑、放跑、赶跑、刮跑、拐跑、开跑、骂跑、弄跑、气跑、抢跑、说跑、吓跑、熏跑。

（34）V+赔：卖赔。

（35）V+披：踩披、钉披。

（36）V+破：擦破、撑破、穿破、搓破、打破、戴破、剐破、喊破、划破、挤破、剪破、磕破、拉破、勒破、磨破、挠破、弄破、碰破、敲破、说破、撕破、踢破、捅破、洗破、咬破、用破、砸破、扎破、煮破、抓破。

（37）V+洒：扽洒、蹭洒、颠洒、拱洒、晃洒、弄洒、碰洒、踢洒。

（38）V+散（三声）：颠散、挤散、拿散、弄散、扔散、摔散。

（39）V+散（四声）：冲散、吹散、打散、轰散、驱散、走散。

（40）V+伤：擦伤、刺伤、打伤、划伤、拉伤、挠伤、弄伤、碰伤、烧伤、摔伤、烫伤、踢伤、砸伤、扎伤、撞伤。

（41）V+折：掰折、摆弄折、拔折、踩折、抽折、打折、戴折、扽折、缝折、刮折、剐折、铰折、撅折、勒折、扭折、弄折、碰折、劈折、敲折、撬折、使折、摔折、压折、咬折、炸折、撞折、坐折。

（42）V+睡：哄睡。

（43）V+死：崩死、逼死、踩死、撑死、刺死、电死、打死、吊死、顶死、钉死、冻死、毒死、饿死、旱死、老死、累死、闷死、捻死、捏死、拍死、劈死、气死、掐死、呛死、杀死、烧死、射死、摔死、烫死、踢死、捅死、压死、咬死、砸死、战死、蜇死、揍死、定死、说死、锈死、缝死。

（44）V+顺：摆顺、理顺、拢顺、改顺、排顺。

（45）V+撕：剐撕、揭撕、弄撕、抢撕。

（46）V+碎：崩碎、炒碎、打碎、颠碎、剁碎、挤碎、嚼碎、磕碎、碰碎、撕碎、踢碎、压碎、轧碎、砸碎、凿碎、震碎、操碎。

（47）V+塌：踩塌、冲塌、睡塌、压塌、炸塌。

（48）V+通：拨通、打通、叫通、接通、挖通、凿通、搞通、弄通、谈通、说通、想通。

（49）V+透₁：穿透、吹透、钉透、磨透、扎透、钻透。

（50）V+瞎：崩瞎、抽瞎、打瞎、急瞎、哭瞎、烧瞎、捅瞎、扎瞎、炸瞎、治瞎、弄瞎、绕瞎。

（51）V+响：踩响、吹响、摁响、拉响、敲响、摔响。

（52）V+笑：逗笑、说笑。

（53）V+醒：扒拉醒、吵醒、吹醒、打醒、忳醒、颠醒、饿醒、刮醒、喊醒、急醒、叫醒、惊醒、咳嗽醒、哭醒、弄醒、碰醒、敲醒、嚷醒、热醒、疼醒、推醒、吓醒、笑醒、吆喝醒、咬醒、折腾醒、震醒。

（54）V+赢：打赢、赌赢、赛赢、下赢、踢赢。

（55）V+晕₁：打晕、摔晕、吓晕、砸晕、撞晕。

（56）V+晕₂（四声）：看晕。

（57）V+砸：办砸、唱砸、讲砸、考砸、弄砸、演砸、做砸。

（58）V+炸：气炸。

（59）V+肿：打肿、夹肿、磕肿、哭肿、砸肿、拍肿。

（60）V+转：吹转。

（61）V+醉：灌醉、喝醉。

（62）V+抽：洗抽。

（63）V+倒（四声）：摆倒、放倒、挂倒、拿倒、贴倒、写倒、印倒。

（64）V+疯：逼疯、饿疯、玩疯、想疯。

（65）V+累：拔累、搬累、抱累、背累、擦累、抄累、吵累、吹累、打累、打扫累、蹲累、翻累、飞累、干累、逛累、举累、看累、扛累、哭累、拿累、念累、跑累、骑累、扫累、抬累、踢累、提累、玩累、洗累、游累、站累、坐累、走累。

（66）V+蒙：打蒙、问蒙、吓蒙。

（67）V+恼：惹恼、说恼。

V+A，在该词典中主要有以下用例。

（1）V+矮：安矮、搭矮、飞矮、缝矮、改矮、盖矮、挂矮、画矮、垒矮、砌矮、扔矮、拴矮、绣矮、凿矮、坐矮、做矮、压矮。

（2）V+暗：变暗、遮暗。

（3）V+白：变白、擦白、累白、闷白、磨白、弄白、泡白、气白、晒白、刷白、捂白、洗白、吓白、念白。

（4）V+薄：刨薄、擦薄、垫薄、擀薄、糊薄、剪薄、锯薄、烙薄、磨薄、铺薄、切薄、使薄、摊薄、削薄、絮薄、压薄、用薄、织薄、做薄。

（5）V+饱：尝饱、吃饱、灌饱、喝饱、看饱、气饱、闻饱。

（6）V+扁：按扁、踩扁、画扁、挤扁、捏扁、睡扁、摔扁、写扁、压扁、砸扁、揍扁、撞扁、坐扁、看扁。

（7）V+瘪：踩瘪、饿瘪、摁瘪、挤瘪、磕瘪、捏瘪、摔瘪、压瘪、撞瘪、坐瘪。

（8）V+惨：冻惨、饿惨、浇惨、累惨、烧惨、输惨、摔惨、糟蹋惨、折腾惨。

（9）V+草：写草。

（10）V+差：穿差、戴差、搞差、记差、拿差、看差、弄差、说差、听差、走差、装差。

（11）V+馋：吃馋、说馋

（12）V+长₁：裁长、抻长、放长、擀长、钩长、接长、锯长、拉长、量长、留长、描长、切长、写长、织长、做长。

（13）V+长₂：戴长、等长、炖长、放长、干长、搁长、工作长、混长、教长、看长、拖长、闻长、写长、住长、走长。

（14）V+潮：弄潮、受潮。

（15）V+迟：办迟、来迟、去迟。

（16）V+重：包重、出重、订重、发重、给重、借重、扣重、买重。

（17）V+稠：熬稠、冲稠、打稠、做稠。

（18）V+臭₁：放臭、泡臭、捂臭、熏臭。

（19）V+臭₂：搞臭。

（20）V+蠢：干蠢。

（21）V+粗₁：变粗、画粗、练粗、描粗、切粗、使粗、写粗。

（22）V+粗₂：变粗、磨粗、弄粗。

（23）V+粗₃：变粗。

（24）V+错：安错、按错、摆错、搬错、办错、包错、报错、背错、猜错、裁错、藏错、搽错、查错、唱错、抄错、称错、乘错、吃错、出错、穿错、传错、吹错、搭错、答错、打错、戴错、登错、点错、叠错、订错、读错、发错、罚错、翻译错、放错、分析错、缝错、服错、改错、盖错、搞错、告诉错、给错、估计错、拐错、怪罪错、关错、管错、灌错、喊错、化验错、画错、怀疑错、还错、换错、回答错、计算错、记错、系错、加错、剪错、减错、讲错、讲解错、校对错、教错、解释错、介绍错、借错、锯错、决定错、开错、看错、理解错、量错、领错、录错、骂错、买错、埋怨错、描错、拿错、念错、弄错、排错、派错、判错、判断错、批评错、拼写错、骑错、签错、敲错、求错、认错、收错、数错、说错、送错、算错、弹错、填错、听错、停错、统计错、问错、想错、写错、选错、用错、找错、织错、治错、抓错、装错、走错、坐错、做错。

（25）V+大₁：变大、裁大、撑大、搭大、打大、戴大、瞪大、钉大、放大、缝大、刮大、画大、加大、锯大、开大、刻大、开大、捆大、留大、买大、泡大、切大、写大、张大、胀大、织大、钻大、做大、闯大、闹大。

（26）V+大₂：带大、长大。

（27）V+大₃：拨大、开大。

（28）V+呆：变呆、发呆、惊呆、看呆、听呆、吓呆、想呆。

（29）V+低：安低、戴低、放低、飞低、挂低、架低、压低。

（30）V+短：裁短、改短、剪短、揪短、锯短、理短、量短、织短、做短。

（31）V+对：摆对、报对、猜对、唱对、读对、改对、估计对、画对、回答对、坚持对、理解对、量对、数对、说对、算对、填对、写对、走对。

（32）V+钝：使钝、用钝。

（33）V+烦：背烦、等烦、看烦、说烦、听烦。

（34）V+反：安反、包反、穿反、戴反、盖反、拧反、铺反、写反、印反。

（35）V+肥：喂肥、长肥、织肥、做肥。

（36）V+富：变富、过富。

（37）V+干：熬干、擦干、抽干、吹干、放干、喊干、耗干、烘干、挤干、哭干、晾干、流干、拧干、晒干、烧干、甩干、说干、吸干、熨干。

（38）V+高：蹦高、安高、垫高、吊高、挂高、架高、举高、卷高、垒高、码高、起高、升高、抬高、踢高、提高、贴高、长高、涨高、枕高、坐高。

（39）V+光：拔光、吃光、丢光、分光、喝光、花光、砍光、捞光、流光、漏光、买光、卖光、磨光、跑光、杀光、烧光、死光、熄光、脱光、忘光、消灭光、用光、折腾光、走光。

（40）V+好：安好、安排好、安置好、安装好、摆好、办好、绑好、包好、保存好、保养好、抱好、编好、别好、布置好、裁好、拆好、缠好、抄好、炒好、吃好、处理好、穿好、存好、搭好、答好、打好、打印好、戴好、当好、导演好、倒好、垫好、叠好、订好、端好、堵好、翻译好、放好、封号、缝好、扶好、盖好、搞好、挂好、关好、管理好、灌好、过好、捆好、夹好、校对好、教育好、接待好、开好、看好、考好、烤好、练好、录好、埋好、拿好、排好、泡好、铺好、砌好、切好、热好、商量好、试好、收好、收拾好、守好、睡好、说好、锁好、谈好、填好、围好、学好、研好、演好、养好、掖好、约好、粘好、站好、长好、支好、织好、治好、治理好、贮藏好、准备好、做好、坐好。

（41）V+黑：擦黑、蹭黑、盖黑、摸黑、染黑、晒黑、烧黑、熏黑。

（42）V+红₁：熬红、变红、搓红、冻红、搁红、跪红、急红、烤红、磕红、哭红、勒红、拍红、掐红、臊红、晒红、烧红、涨红、照红、蒸红、抓红。

（43）V+红₂：唱红。

（44）V+厚：垫厚、盖厚、擀厚、烙厚、铺厚、切厚、絮厚。

（45）V+花：抹花、染花、晒花、洗花。

（46）V+滑：磨滑。

（47）V+猾：变猾、学猾。

（48）V+坏₁：熬坏、扒坏、掰坏、弄坏、搬坏、崩坏、裱坏、别坏、裁坏、拆坏、车坏、冲坏、撑坏、吃坏、愁坏、穿坏、打坏、截坏、动坏、翻坏、放坏、改坏、搞坏、糊坏、揭坏、撅坏、砍坏、看坏、烤坏、磕坏、啃坏、哭坏、勒坏、磨坏、拧坏、弄坏、沤坏、刨坏、泡坏、碰坏、漂坏、骑坏、撬坏、染坏、晒坏、使坏、摔坏、撕坏、拓坏、烫坏、踢坏、玩坏、洗坏、压坏、咬坏、用坏、扎坏、震坏、抓坏、撞坏、坐坏。

（49）V+坏₂：拔坏、办坏、抄坏、吹坏、冲坏、搭坏、干坏、焊坏、画坏、考坏、录坏、买坏、写坏、修坏、演坏、照坏、治坏、憋坏、踩坏、颠坏、冻坏、饿坏、硌坏、急坏、挤坏、浇坏、渴坏、坑坏、困坏、辣坏、乐坏、累坏、淋坏、气坏、想坏、折磨坏、宠坏、带坏、惯坏、教坏、学坏。

（50）V+慌：发慌。

（51）V+黄$_1$：变黄、晒黄、熏黄、炸黄。

（52）V+浑：搅浑、蹚浑。

（53）V+活：搞活、讲活、画活、演活。

（54）V+急：逼急、逗急、惹急、吃急、等急。

（55）V+尖：熬尖、磨尖、削尖。

（56）V+僵：搞僵、闹僵、弄僵、冻僵。

（57）V+焦：烤焦、烧焦。

（58）V+紧：挨紧、绑紧、跟紧、系紧、卷紧、捆紧、拉紧、勒紧、拧紧、绕紧、塞紧、上紧、拴紧、握紧。

（59）V+近：挨近、凑近、靠近、拿近、走近。

（60）V+精：变精、学精。

（61）V+净：簸净、撤净、吃净、锄净、撮净、掸净、倒净、刮净、喝净、啃净、捞净、刨净、涮净、掏净、擦净、洗净。

（62）V+久：摆久、病久、穿久、待久、戴久、蹲久、用久、站久、住久、坐久。

（63）V+旧：穿旧、戴旧、翻旧、放旧、挂旧、用旧。

（64）V+渴：吃渴、讲渴、跑渴、说渴。

（65）V+空：搬空、盗空、抢空、腾空、吐空、挖空、蛀空、踩空、蹬空、坐空。

（66）V+苦：害苦、欺负苦、折腾苦、整苦。

（67）V+快：拨快、吃快、加快、开快、念快、跑快、骑快、说快、写快、走快、磨快。

（68）V+宽：裁宽、叠宽、加宽、接宽、锯宽、拉宽、铺宽、挖宽、织宽。

（69）V+困：等困、看困、晒困、说困、听困、玩困、坐困。

（70）V+烂：熬烂、炒烂、炖烂、放烂、搁烂、沤烂、泡烂、捂烂、扒拉烂、踩烂、穿烂、戴烂、剁烂、翻烂、挤烂、嚼烂、磨烂、挠烂、揉烂、摔烂、压烂、咬烂、砸烂。

（71）V+老：变老、炒老、蒸老、长老。

（72）V+冷：变冷。

（73）V+凉：冰凉、放凉、弄凉。

（74）V+亮：擦亮、摸亮、磨亮、调亮。

（75）V+聋：变聋、打聋、震聋。

（76）V+绿：变绿、染绿、涂绿。

（77）V+乱：搬乱、抽乱、吹乱、打乱、动乱、发乱、翻乱、放乱、搞乱、记乱、搅乱、拿乱、排乱、碰乱、数乱、装乱。

（78）V+麻：蹲麻、压麻、坐麻。

（79）V+满₁：安满、安排满、摆满、别满、补满、插满、缝满、铲满、抄满、盛满、出满、揣满、撮满、搭满、答满、打满、戴满、倒满、登满、滴满、垫满、钉满、堆满、放满、盖满、搁满、挂满、灌满、含满、划满、画满、挤满、记满、捡满、溅满、接满、结满、开满、烤满、刻满、捆满、晾满、流满、落满、趴满、爬满、排满、泼满、铺满、洒满、撒满、塞满、晒满、摊满、躺满、填满、贴满、停满、吸满、腌满、栽满、扎满、沾满、站满、长满、招满、斟满、种满、住满、驻满、装满、坐满。

（80）V+慢：吃慢、躲慢、放慢、讲慢、开慢、念慢、跑慢、骑慢、说慢、写慢、走慢。

（81）V+猛：使猛。

（82）V+密：摆密、播密、缝密、写密、种密。

（83）V+明：讲明、亮明、说明、挑明、问明、写明。

（84）V+木：冻木。

（85）V+难：出难。

（86）V+嫩：炒嫩、煎嫩。

（87）V+腻：剥腻、擦腻、唱腻、抄腻、吃腻、抽腻、穿腻、吹腻、打腻、呆腻、等腻、干腻、管腻、逛腻、过腻、讲腻、教腻、看腻、爬腻、去腻、上腻、弹腻、躺腻、踢腻、听腻、玩腻、闻腻、写腻、学腻、演腻、养腻、住腻。

（88）V+蔫：变蔫、说蔫、晒蔫。

（89）V+黏：弄黏。

（90）V+拧：弄拧。

（91）V+胖：吃胖、呆胖、养胖、长胖。

（92）V+皮₁：打皮、骂皮、说皮。

（93）V+皮₂：放皮、搁皮。

（94）V+偏：挂偏、锯偏、磨偏、凿偏。

（95）V+平：刨平、铲平、垫平、端平、放平、捋平、磨平、抹平、铺平、躺平、填平、推平、熨平。

（96）V+齐：摆齐、裁齐、对齐、剪齐、走齐、备齐、补齐、凑齐、到齐、订齐、发齐、来齐、买齐、配齐、收齐、找齐、置齐、攒齐。

（97）V+浅₁：变浅、埋浅、刨浅。

（98）V+浅₂：编浅。

（99）V+巧：来巧、去巧、问巧。

（100）V+青：憋青、打青、冻青、挤青、磕青、拧青、掐青、摔青、砸青、撞青。

（101）V+轻₁：放轻。

（102）V+轻₂：批评轻、判轻。

（103）V+清₁：辨清、查清、点清、记清、讲清、看清、厘清、摸清、弄清、盘点清、认清、算清、数清、听清、问清。

（104）V+清₂：付清、还清、洗清。

（105）V+晴：刮晴。

（106）V+穷：变穷、吃穷、赌穷、过穷。

（107）V+全：编全、补全、背全、带全、订全、买全、配全、收全、说全。

（108）V+热：搓热、打热、烤热、跑热、晒热、烧热、睡热、跳热、温热、焐热、走热、攥热。

（109）V+软：和软、烤软、泡软、晒软、吓软。

（110）V+傻₁：变傻、吃傻、烧傻。

（111）V+傻₂：看傻、吓傻、笑傻。

（112）V+深₁：打深、埋深、钻深。

（113）V+深₂：漆深、染深。

（114）V+神：说神。

（115）V+湿：擦湿、踩湿、浇湿、淋湿、尿湿、弄湿、喷湿、洗湿、蘸湿、坐湿。

（116）V+瘦：熬瘦、饿瘦、累瘦。

（117）V+熟₁：背熟、唱熟、吹熟、干熟、搞熟、讲熟、练熟、念熟、算熟、弹熟、写熟、演熟。

（118）V+熟₂：呆熟、混熟、跑熟、送熟、养熟。

（119）V+熟₃：熬熟、炒熟、炖熟、煎熟、烤熟、焖熟、蒸熟、煮熟、做熟。

（120）V+熟₄：睡熟。

（121）V+馊：放馊、泡馊、捂馊。

（122）V+酥：炸酥。

（123）V+酸：蹬酸、剁酸、举酸、锯酸、看酸、累酸、跑酸、切酸、站酸、织酸、写酸、走酸。

（124）V+透₂：出透、干透、浇透、烧透、湿透、熟透、炸透、蒸透。

（125）V+透₃：揣摩透、看透、理解透、摸透、说透、研究透、琢磨透。

（126）V+秃：磨秃、使秃。

（127）V+歪：安歪、戴歪、顶歪、顶歪、剁歪、缝歪、挂歪、画歪、剪歪、气歪、摔歪、贴歪、写歪、栽歪、凿歪、长歪、撞歪。

（128）V+弯：钉弯、累弯、撬弯、窝弯、压弯、撞弯、坐弯。

（129）V+晚：拔晚、办晚、吃晚、传达晚、订晚、放晚、还晚、回来晚、叫晚、接晚、开晚、来晚、买晚、卖晚、起晚、去晚、说晚、睡晚、送晚、喂晚、醒晚、学晚、抓晚、走晚、做晚。

（130）V+旺：烧旺、捅旺。

（131）V+温：对温、烧温。

（132）V+稳：垫稳、站稳、坐稳。

（134）V+稀：缝稀、写稀、种稀、熬稀。

（135）V+细：变细、抻细、画细、磨细、切细、旋细、磨细。

（136）V+咸：拌咸、吃咸、炒咸、腌咸。

（137）V+小：变小、裁小、搭小、打小、叠小、改小、盖小、画小、刻小、留小、买小、写小、凿小。

（138）V+斜：摆斜、裁斜、插斜、钉斜、挂斜、画斜、剪斜、锯斜。

（139）V+严$_1$：把严、包严、挡严、糊严、封严、盖严、关严、裹严、拉严、塞严。

（140）V+严$_2$：管严。

（140）V+野：逛野、玩野。

（141）V+硬：变硬、冻硬、放硬、和硬、织硬。

（142）V+远：搬远、抱远、调远、躲远、放远、飞远、划远、看远、离远、跑远、说远、站远、走远、坐远。

（143）V+圆：瞪圆、画圆、磨圆。

（144）V+冤：花冤。

（145）V+晕$_3$（一声）：吵晕、抽晕、颠晕、搞晕、看晕、累晕、气晕、呛晕、热晕、晒晕、躺晕、震晕、支使晕、转晕、坐晕。

（146）V+匀：拌匀、播匀、抹匀、铺匀、染匀、撒匀、涂匀。

（147）V+脏：擦脏、踩脏、蹭脏、穿脏、戴脏、蹬脏、翻脏、挂脏、滚脏、靠脏、摸脏、铺脏、骑脏、拖脏、用脏、坐赃。

（148）V+糟$_1$：沤糟、泡糟、煮糟。

（149）V+糟₂：办糟、搞糟、考糟、弄糟。

（149）V+早：拔早、办早、播早、吃早、调早、放早、叫早、来早、买早、卖早、起早、去早、上早、送早、说早、跳早、醒早、走早。

（150）V+窄：搭窄、叠窄、锯窄、留窄、撕窄、挖窄、修窄。

（151）V+胀：吃胀、泡胀。

（152）V+正：摆正、戴正、对正。

（153）V+直：裁直、分直、扶直、画直、剪直、锯直、拉直、伸直、烫直、挖直、窝直、栽直、站直、坐直。

（154）V+重：批评重、说重、摔重。

（154）V+皱：穿皱、吹皱、弄皱、揉皱、压皱、坐皱。

（155）V+准：对准、看准、瞄准、说准、瞧准。

（156）V+紫：憋紫、冻紫、夹紫、掐紫、踢紫、砸紫。

（157）V+足：憋足、吃足、喝足、开足、买足、睡足、赚足。

（158）V+哑：唱哑、喊哑、叫哑、咳嗽哑、哭哑。

附录3 《现代汉语动词大词典》中 "V+结果" 格使用情况考察

我们在对用例考察后，依据其中使用的动补结构中补语性成分的标记词不同，将统计结果共分为以下16类情况：V+了、V+成、V+出（来/去）、V+好、V+完、V+到、V+起/起来、V+来/上来/下来/上、V+去/下去、V+在、V+着、V+为/作、V+得、（正）在V、V+A、V+其他类。

1. V+了

（1）他挨了一身白。

（2）这孩子按了我一身手印。

（3）好好的墙让你按了一个窟窿。

（4）鱼摆了我一身水。

（5）树枝摆了我一头柳絮。

（6）工人们搬了一身汗。

（7）这台电视搬了我一头汗。

（8）这些砖头抱了我一身灰。

（9）妻子抱了个大胖小子。

（10）他背了一身土。

（11）这么个小行李绑了刘洁一身汗。

（12）大师傅剥了一身瓜子皮儿。

（13）售货员用糖果摆了一个 "欢迎" 字样。

（14）断裂的锯条把桌子都崩了一道印子。

（15）孩子们蹦了一身汗。

（16）学生都别了个眼儿。

（17）他拨了妈妈一身汤。

（18）她擦护发素擦了一头白泡沫。

（19）张嫂采菱角采了一身水。

（20）老大爷插秧插了一身汗。

（21）小栓子叉鱼叉了一头汗。

（22）城墙拆了一个大缺口。

（23）堤上铲了个大坑。

（24）这顿饭吃了王处长一嘴油。

（25）大堤被河水冲破了一个缺口。

（26）爷爷锄了一脚泥。

（27）木板穿了一个孔。

（28）他在隧道里穿了一身灰。

（29）他们俩搭那柜子搭了一身土。

（30）这位考生答题答了一身汗。

（31）这孩子打糨糊打了一锅疙瘩。

（32）小伙子把鼓打了一个窟窿。

（33）孩子把碗打了一个口儿。

（34）这个坏蛋打了我的朋友一脸血。

（35）小王打旗打了一身汗。

（36）靶子被我们打了很多枪眼儿。

（37）儿子打水打了一身汗。

（38）妻子削苹果皮把手削了个口子。

（39）这位菜农打农药打了一身药味。

（40）哥儿俩割草割了一身汗。

（41）这名乒乓球队员打了一个擦边球。

（42）两个人打球打了一身汗。

（43）大海逮鸟逮了一身汗。

（44）姐姐担水担了一头汗。

（45）妻子掸了自己一身灰。

（46）这些货他们卖了一千块钱。

（47）今天下午倒车倒了一身土。

（48）两个人倒煤倒了一身汗。

（49）司机倒车倒了一身汗。

（50）爱人倒垃圾倒了一地。

（51）运动员们登山登了一身汗。

（52）这位老人登车登了一身汗。

（53）这位电工在椅子上蹬了两个大脚印子。

（54）这位姑娘等男朋友等了一肚子气。

（55）爷爷在我脑门上点了一个手印儿。

（56）他们点种点了一身汗。

（57）营业员点钱点了一头汗。

（58）坏人点了一把火。

（59）点这个炉子点了我一头汗。

（60）垫这床垫垫了一身汗。

（61）这人给别人垫钱垫了一屁股债。

（62）女儿读大学读了一身的毛病。

（63）那个小孩儿跌了一身泥。

（64）妈妈给我叠了好几样玩具。

（65）蚊子咬了他一身大包。

（66）他的头顶了一个包。

（67）顶这东西顶了一身汗。

（68）豆芽把土顶了一条缝儿。

（69）这名队员顶球顶了一脑门子泥。

（70）麻袋被顶了个坑。

（71）大门上顶了一个大窟窿。

（72）他定了一份日程表。

（73）老人钉了几个花盆。

（74）钉这个箱子钉了我一身汗。

（75）妈妈钉扣子钉了一手汗。

（76）手冻了几道口子。

（77）两个孩子夺玩具夺了一头汗。

（78）他摁了个窟窿。

（79）他翻了一个跟斗。

（80）刘南犯下了包庇罪。

（81）今天奶奶缝了好几件上衣。

（82）赶羊赶了我一身土。

（83）孩子手上割了个大口子。

（84）我们家把中间隔了一堵墙。

（85）孩子们够了一身土。

（86）锅底让厨师刮了个洞。

（87）大风刮了一屋子灰尘。

（88）店小二灌酱油灌了自己一身。

（89）这条街逛了王老汉一身汗。

（90）香客们跪了一裤子土。

（91）老头子喝出了个啤酒肚。

（92）我核对账目核对了一头的汗。

（93）干面包片昨天奶奶就烘好了。

（94）学生把老师哄了个大红脸。

（95）我俩划船划了一身汗。

（96）玻璃划了道缝儿。

（97）师傅把玻璃划两半儿了。

（98）树枝把胳膊划了道口子。

（99）他滑了一大跤。

（100）张虹滑了个第一名。

（101）两根冰棍化了一杯甜水。

（102）油化了不少。

（103）我把油化好了。

（104）肥肉我都化了油。

（105）老人活动了一身汗。

（106）乘客们个个都挤了一身汗。

（107）我们计划出了好几种方案。

（108）这么简单的一道方程式计算了我一头汗。

（109）汽车溅了我一身泥点。

（110）他讲演了一身汗。

（111）你搅了我一身泥点儿。

（112）我借了一身债。

（113）老王卷了根烟卷。

（114）班长手上砍了个大口子。

（115）老师把学生考了一头汗。

（116）孩子头上磕了个大包。

（117）小福子咳嗽了一头汗。

（118）他啃了一嘴油。

（119）这伙强盗把大佛抠了个窟窿。

（120）小铁蛋抠了一手泥。

（121）张老师的头被水桶砸了一个大包。

（122）小妹哭了一头汗。

（123）第三集团军又扩充了一个团。

（124）这位老木匠拉锯拉了一身汗。

（125）弟弟拉煤拉了一身汗。

（126）练习曲她已经拉了很多遍。

（127）这位演员拉琴拉了一头汗。

（128）孩子拉屎拉了一身汗。

（129）手上拉了一个口子。

（130）这下子他捞了一手泥。

（131）脖子勒了一道红印子。

（132）墙裂了一道缝儿。

（133）老人溜了一身汗。

（134）他搂麦秸搂了一身汗。

（135）锅漏了一个洞。

（136）树叶落了一地。

（137）她的桃卖了不少钱。

（138）这孩子摸了一手泥。

（139）弟弟磨了浓浓一碗墨。

（140）脸让她挠了一道口子。

（141）爸爸拧了我一块青。

（142）他拧螺丝拧了一身汗。

（143）大个儿趴了一身土。

（144）孩子爬树爬了一身汗。

（145）妹妹拍皮球拍了一头汗。

（146）王老师给这道题只判了五分。

（147）法官判了他二十年有期徒刑。

（148）我刨红薯刨了一身汗。

（149）他跑了一身土。

（150）这桶汽油跑了一屋子汽油味，

（151）他喷了我一身水。

（152）他把杯子碰了一道纹。

（153）他碰了一鼻子灰。

（154）总公司已经批了意见。

（155）头上碰了个疙瘩。

（156）主编在稿件上批改了许多道圈圈。

（157）竹竿披了一条缝儿。

（158）劈玉米劈了我满头大汗。

（159）他撇豆腐撇了一身汗。

（160）他泼了我一身水。

（161）衣服上破了个洞。

（162）拇指破了个口子。

（163）将军被迫害了一身病。

（164）小花猫扑鸟扑了一嘴泥。

（165）这孩子扑痱子粉扑了个大花脸。

（166）哥哥起钉子起了一身汗。

（167）他抢了个首位。

（168）鼓被他敲了一个洞。

（169）门被他撬了个洞。

（170）这孩子亲了我一脸鼻涕。

（171）领导在上面圈了一个圈儿。

（172）他惹了一肚子气。

（173）他扔球扔了一身汗。

（174）老奶奶杀鸡杀了一身汗。

（175）老大爷筛豆种筛了一头汗。

（176）他们扇了一身汗。

（177）他们上山上了一身汗。

（178）售货员们上菜上了一身汗（一手泥）。

（179）这些家具让小青年上了个大花脸。

（180）妈妈上这个大衣领子上了一肚子火。

（181）爸爸上发条上了一手汗。

（182）老太太烧水把壶烧了一个大窟窿。

（183）这孩子烧了满嘴泡。

（184）她生孩子生了一身病。

（185）孩子拾麦穗拾了一身汗。

（186）小李把靶子射了一个洞。

（187）弟弟拾掇自行车拾掇了一手泥。

（188）他们收废品收了一身泥。

（189）他们收拾房间收拾了一身汗。

（190）小伙子收拾自行车收拾了一手泥。

（191）小姑娘今天梳了一个大辫子。

（192）北京队输了个零比三。

（193）小明明刷牙刷出了血。

（194）老汉耍狮子耍了一身汗。

（195）他摔了一身泥。

（196）他摔鞋摔了我一身土。

（197）战士们甩手榴弹甩了一身汗。

（198）他把绳子拴了两个扣。

（199）他们涮羊肉涮了一桌子水。

（200）老人睡了一身汗。

（201）几个人搜罪证搜了一身汗。

（202）他们俩算同一道数学题算出了两个答案。

（203）他们计算出了一个大概数。

（204）秘书锁门锁了一手锈。

（205）老张踏了一脚泥。

（206）他们抬水抬了一身汗。

（207）他在地上躺了一身灰。

（208）弟弟把鸟窝掏了个窟窿。

（209）他掏鸡窝掏了一手鸡屎。

（210）老张淘井淘了一身泥。

（211）老张剔排骨剔了一身汗。

（212）我被老师问了个大红脸。

（213）这些日子我体验生活体验了一肚子酸甜苦辣。

（214）大虎跳木马跳了个嘴啃泥。

（215）他用碎纸片贴了个满天星的图案。

（216）窗户纸被这孩子捅了好几个洞。

（217）投标枪投了我一身汗。

（218）那个人被警察推了一个跟头。

（219）他托盘子托了一手油。

（220）我们玩篮球玩了一身汗。

（221）他脸上被吻了个红印儿。

（222）他捂了一身痱子。

（223）她往领子上绣了道花边。

（224）我演算了一桌子草稿纸。

（225）我演算题演算了一头的汗。

（226）扬谷子扬了我满头汗。

（227）这两个月他养了一身的肉。

（228）做菜做了我浑身的汗。

（229）他身上倚了一身沙土。

（230）我游了一身汗。

（231）地上被砸了一个大坑。

（232）杯子炸了一道纹。

（233）那座桥被炸了一个大口子。

（234）我摘苹果摘了一身汗。

（235）爸爸用小玻璃瓶粘了一个台灯座。

（236）她招呼了一头汗。

（237）这孩子把妈妈的脸抓了一个口子。

（238）他被爸爸拽了一个跟跄。

（239）他转了一个弯儿。

（240）他们装货装了一身汗。

（241）爸爸装电视装了满头的汗。

（242）五号队员头上撞了一个大包。

（243）老人走了一头汗。

（244）他钻山洞钻了一身土。

（245）老头把沙发坐了一个坑。

（246）刘师傅在炉子上坐了一壶开水。

（247）他们洒农药洒了一身汗。

（248）他们撒化肥撒了一身汗。

（249）他们赛了个零比零。

（250）这一大堆传单他们洒了一身汗。

2. V+出/出来/出去

（1）手掰出一道口子

（2）师傅把火苗拔出来了。

（3）背上拔出了一个红印。

（4）大妈把冰碴都拔出来了。

（5）冻柿子拔出了冰碴。

（6）女工们手上都拔出了血。

（7）他双手都绑出了血。

（8）阳阳剥出来一个花生豆。

（9）这几封信丈夫保存出许多麻烦来。

（10）他背出了声儿。

（11）这事已奔出点眉目来了。

（12）王师傅脚上都跑出了血。

（13）战士们奔跑出了一身汗。

（14）他的眼睛被石块崩出了血。

（15）我终于被逼出这么几句话。

（16）两个车间把输赢先比出来。

（17）我一定和你比出个高低胜负来。

（18）专家们还没辩论出结果。

（19）丈夫都要憋出病来了。

（20）他把砂纸擦出了一个洞。

（21）上衣她还没裁出来呢。

（22）我又裁出了一件外套。

（23）这一带的农民采煤采出了不少万元户。

（24）小胡收藏古玩收藏出瘾来了。

（25）他已经测量出了一个结果。

（26）小明的脚蹭出了一道口子。

（27）这首歌她唱出新意、唱出韵味来了。

（28）别人的东西他查出甜头来了。

（29）王家没查出什么线索。

（30）她俩吵出仇来了。

（31）公安局在查案子时还查出了其他问题。

（32）她都缠出了好几个线团了。

（33）袖子口扯出了一道口子。

（34）房间撤出一片空地来了。

（35）他们扯闲话扯出麻烦来了。

（36）他们已经测量出了一个结果。

（37）得数她终于乘出来了。

（38）小莹终于乘出这个答案来了。

（39）饭里吃出了一粒沙子。

（40）吃粉笔末吃不出万元户来。

（41）白子吃出一大块地盘了。

（42）战士们终于冲出了一条活路。

（43）这块地让水冲出了一个坑。

（44）这种烟父亲抽不出什么味儿来。

（45）牲口的身上被抽出印子来。

（46）她愁出病来了。

（47）竹帘子抽出一条缝儿了。

（48）我已经除出得数来了。

（49）激流把河岸冲击出一个缺口。

（50）袜子穿出一个洞来了。

（51）他终于闯出祸来了。

（52）他们终于闯出了新路子。

（53）你催出什么结果来了？

（54）头发吹出了几道弯儿。

（55）煤堆撮出了一个坑。

（56）这小子打架打出瘾来了。

（57）这位领导打猎打出瘾来了。

（58）她打扫房间打扫出一些好东西。

（59）老人都快待出病来了。

（60）这家银行贷款贷出问题来了。

（61）我当家竟当出毛病来了。

（62）这辆车挡道挡出乱子了。

（63）空地已经倒出来了。

（64）屋子得倒出一块空地。

（65）妈妈倒腾柜子倒腾出好东西来了。

（66）他们倒腾邮票倒腾出问题了。

（67）她乱滴眼药水滴出毛病来了。

（68）汽车都颠出毛病了。

（69）他俩调换位置调换出麻烦来了。

（70）眼泪都盯出来了。

（71）我都盯出眼泪来了。

（72）他都抖出汗来了。

（73）这个小伙子斗鸡斗出经验来了。

（74）他都赌出汗来了。

（75）他对下联对出了笑话。

（76）鸡尾酒我兑不出来了。

（77）你们都把药先兑出来。

（78）爸爸才兑出一杯鸡尾酒来。

（79）这个地方他都蹲出一个坑来了。

（80）肉已经炖出香味儿了。

（81）大妈把猪食剁出来了。

（82）细菌很快就繁殖出一大批。

（83）在这儿停车可停出麻烦来了。

（84）飞机今天飞出了新的高度。

（85）这次的任务分出矛盾来了。

（86）这个研究会已分裂出几个对立的组织。

（87）我们已分析出结果了。

（88）盐酸水把这块金属板腐蚀出了一个洞。

（89）米饭被盖子盖出一道印。

（90）李小姐终于干出了成绩。

（91）林教授搞出了一本词典。

（92）你还真工作出点成绩来了。

（93）他们已规划出一个完整的蓝图。

（94）大臣们的腿都跪出了血印。

（95）大编辑到底混出个名堂来了。

（96）他都嫉妒出病来了。

（97）大家也没计算出什么结果。

（98）妻子的手夹出了一道印儿。

（99）我也没检查出什么结果来。

（100）我没检验出什么结果来。

（101）他们检验出一些问题来。

（102）我们没鉴别出什么结果来。

（103）他们鉴定出真假了。

（104）你要讲出水平来。

（105）这块地被浇灌出一个大窟窿。

（106）大家此时才嚼出点滋味儿来。

（107）我们要努力教育出更多合格的人才。

（108）信封被揭出一个洞。

（109）我们较量出胜负了。

（110）邻居家最近又接出个小棚子。

（111）劳资双方并没有接洽出什么结果。

（112）他这几年节省出一间房子的钱了。

（113）他解答不出什么来。

（114）这回经理被解雇出问题来。

（115）这次机构精简出不少麻烦。

（116）板材木工锯出来了。

（117）老工匠手都锯出了血。

（118）油田钻井队已开发出来了。

（119）我们把一片农田开垦出来了。

（120）战士们开垦出一片农田。

（121）主治医从X光片上看出很多问题。

（122）我早就看出了你的心思。

（123）工人们肩上都扛出了老茧。

（124）他把鸭子油都烤出来了。

（125）他没有被考查出什么问题。

（126）我昨晚考虑出一个更好的方案。

（127）我也没考验出什么结果。

（128）老头咳嗽出一口痰。

（129）我真啃出点滋味来了。

（130）婴儿哭出了声。

（131）二嫂的肩上都挎出了一个印儿。

（132）你要的面条我已经给你拉出来了。

（133）我把木方子拉出来了。

（134）他真是朗读出高水平来了！

（135）这堆杂物还没理出头绪来。

（136）你要练出一身好本领。

（137）他练习气功练习出毛病来了。

（138）药渣子都已经淋出去了。

（139）我们把石灰渣子都淋出去了。

（140）这桶石灰淋出来不少渣子。

（141）他搂钱搂出了问题。

（142）广告已经录出来了。

（143）我们要把这种效果录出来。

（144）文章论述出问题来了。

（145）他把桌子抹出亮儿来了。

（146）这块布料被她摸出手印儿来了。

（147）老张在基层摸出了一套行之有效的经验。

（148）泡都磨出来了。

（149）脚都磨出泡来了。

（150）她墨还没磨出来呢。

（151）豆浆还没磨出来呢。

（152）这儿他抹出了一道印儿。

（153）他们闹学潮闹出乱子了。

（154）他弄票弄出问题了。

（155）你挪出个空地方来。

（156）乌龟在沙地上爬出一道沟。

（157）他拍领导拍出甜头了。

（158）他们厂排污水都排出一条污水河了。

（159）卡片应该排列出次序。

（160）警察把那人盘问出了一头大汗。

（161）他榜地榜出一身汗。

（162）一百米小精灵跑出了好成绩。

（163）他跑钢材跑出了甜头。

（164）实验员培养食用菌培养出兴趣来了。

（165）老张培养出了新品种。

（166）画牡丹的墨绿色他配出来了。

（167）他这次还是评出了水平。

（168）他也没评论出什么名堂。

（169）姐姐沏出一杯浓茶。

（170）屁股上都骑出茧子来了。

（171）爸爸气出病了。

（172）老师被这孩子气出病了。

（173）孩子的腿被她掐出一道红印子。

（174）我脖子都被他掐出红印子了。

（175）会计签名签出了问题。

（176）他家迁坟迁出问题来了。

（177）他终于迁就出问题来了。

（178）老师傅铲墙皮铲出一身汗。

（179）他抢球抢出了汗。

（180）胖子敲了半天才敲出两块糖。

（181）他们敲诈出一些新东西。

（182）爸爸清理出一块空地。

（183）我最终也没请教出结果。

（184）爷爷取名取出了一个笑话。

（185）这种颜色她怎么也染不出来。

（186）这鸭子都热出油来了。

（187）眼睛揉出一粒沙子。

（188）馒头都揉出来了。

（189）他们赛出了真正水平。

（190）这个女人散布谣言散布出新花样了。

（191）老刘把腿都搔出了血。

（192）我们在雪地上扫出了一条路。

（193）他们终于杀出了一条血路。

（194）他的眼睛让药水杀出了眼泪。

（195）灶膛里还真扇出火苗来了。

（196）海水终于晒出盐来了。

（197）大家闪出了一条路。

（198）这件事终于商议出了一个头绪。

（199）妈妈烧茄子烧出了经验。

（200）这个老酒鬼从我们这儿赊酒赊出了甜头。

（201）这些稿子总编审出三处错。

（202）老法官审犯人审出了经验。

（203）这个案子终于审出了一点儿线索。

（204）那些账目他们审查出了好几处疑点。

（205）他们最后也没审讯出结果来。

（206）他们试验出一种抗癌新药。

（207）售票员售票售出了经验。

（208）老厂长已对转厂的问题思考出了一个结果。

（209）她思念亲人思念出毛病来了。

（210）小伙子送菜送出了一头汗。

（211）他们几个送礼送出了麻烦。

（212）他最终也没计算出个结果。

（213）那个家伙算计别人都算计出花样来了。

（214）他们谈这个话题谈出瘾来了。

（215）额头上弹出了一个小包。

（216）她弹钢琴弹出了一身汗。

（217）裤子上烫出一个洞来。

（218）他们讨论半天也没讨论出什么结果来。

（219）他剔牙剔出血来了。

（220）弟弟把塑料薄膜踢出一个洞来。

（221）老太太手都提出红印子了。

（222）他提意见提出麻烦来了。

（223）这位农妇挑水挑出了汗。

（224）我挑水泡挑出血来了。

（225）他跳出了新的水平。

（226）张工通烟筒通出好多烟灰来。

（227）他这一下子把血都捅出来了。

（228）他这一下儿都把我捅出眼泪来了。

（229）我们刚刚统计出一个结果。

（230）胃痛出一身汗。

（231）他偷东西偷出瘾来了。

（232）他竟然偷窃出瘾头来了。

（233）这页纸被他涂出一个洞。

（234）最终都没推测出什么结果。

（235）小伙子还真推销出经验来了。

（236）地上都被他拖出一道沟来。

（237）脸上剜出一片血。

（238）孩子玩儿出了花样。

（239）他这花招儿也玩儿不出什么新花样。

（240）胳膊都挽出汗来了。

（241）袖子挽出褶子来了。

（242）他把那头母猪喂出毛病来了。

（243）他还是没问出结果来。

（244）这个犯人没问出什么东西。

（245）圆环窝出两个来了。

（246）我汗都捂出来了。

（247）这豆子都捂出芽来了。

（248）老朱吸烟吸出瘾来了。

（249）这件脏衣服她半天才洗出本色来。

（250）孩子都被吓出病了。

（251）他从草席底下掀出了一个钱包。

（252）对策她还没想出来呢。

（253）我对策还没想出来呢。

（254）小金想出了一个点子。

（255）他想孩子都想出病来了。

（256）眼泪她都笑出来了。

（257）母亲眼泪都笑出来了。

（258）她没笑出声来。

（259）他们竟歇出病来了。

（260）双方没有协商出任何结果。

（261）音乐世家熏陶出了不少文艺人才。

（262）他没有询问出任何结果。

（263）纸都让他压出褶子了。

（264）这个课题他研究出了成果。

（265）分配方案研究出来了吗？

（266）财务科已经研究出一套办法了。

（267）他演节目演出问题来了。

（268）他养兔子养出经验了。

（269）他们移动出一个空位子来。

（270）我熨出了笔直的裤线。

（271）她能裁出什么花样儿？

（272）这只羊宰不出多少肉来。

（273）血都扎出来了。

（274）我先把眼儿扎出来。

（275）草料他已经铡出来了。

（276）他被照出一头汗。

（277）妈妈折腾出一些有用的东西。

（278）他都被折腾出汗了。

（279）他把那只小狗折腾出病来了。

（280）我都被这家伙折磨出病来了。

（281）我最终还是没斟酌出什么好句子来。

（282）胳膊枕出了一道红印子。

（283）他俩最终也没争吵出什么结果。

（284）最后他们也没争出个结果。

（285）他们没争论出结果来。

（286）我想把这些资料整理出一部书来。

（287）你应该指挥出特色来。

（288）李厂长把这个企业治理出一个新局面。

（289）他们追查出了几条新线索。

（290）他们没追问出结果来。

（291）他们总结出了几条规律。

（292）小赵把他的脸揍出了血。

（293）他们租房子租出问题来了。

（294）李师傅的手心都攥出了汗。

（295）大伙琢磨出一个好法子。

（296）老王抓出了成绩。

（297）这一跤摔出去好远。

3．V+成

（1）我的眼睛在学校熬成近视眼了。

（2）小牛倌把草料拌成糊状。

（3）你都背成罗锅儿了。

（4）你都背成书呆子了。

（5）老板娘被逼成了精神病。

（6）树叶渐渐地变成了黄色。

（7）一条红绸子被他变换成一只鸽子。

（8）营业员把冰箱的价格标成冰柜的价格了。

（9）电台把一个专题片播成广告了。

（10）他把黄的猜成绿的了。

（11）军长把自己的部队操练成一支攻无不克、战无不胜的军队。

（12）一个队拆成了两个队。

（13）她跟邻居吵架吵成了公鸭嗓。

（14）磁带扯成一截一截的了。

（15）作者把原著充实成一部长篇小说。

（16）奶奶把炒面冲成稀汤了。

（17）两张幻灯片的投影重叠成一幅画。

（18）省队把我们地区队抽成了空架子。

（19）他们把这么好的东西处理成废品了。

（20）他把那珠子穿成了一条项链。

（21）新衣穿成旧衣了。

（22）他把自己吹成了英雄。

（23）他们把那部小说吹捧成千古名作了。

（24）几个人凑成了一支队伍。

（25）这批货都存成废品了。

（26）小吴把这些零碎钱存成整数了。

（27）请把这几个词搭配成一个短语。

（28）这些衣服打成捆儿。

（29）妈妈把女儿打扮成小媳妇了。

（30）大个子把房间挡成一间暗室。

（31）飞机你叠成了吗？

（32）桶里的水冻成了一个冰坨子。

（33）爸爸把这个字读成另一个字了。

（34）他读书读成一个近视眼。

（35）电线断成几截了。

（36）你怎么锻炼成这个样子了？

（37）你们把这些沙子堆成堆。

（38）我想把这笔钱兑换成日元。

（39）得把肉剁成碎末。

（40）这个干部竟然堕落成一个流氓。

（41）这种观点最后发挥成一篇洋洋洒洒的长文了。

（42）她发育成一个亭亭玉立的大姑娘了。

（43）过去落后的教育体系已发展成初具规模的现代化教育体系了。

（44）好好的家都被你翻成什么样儿了？

（45）这部小说被翻译成英文了。

（46）洪流不可抑制地泛滥成灾。

（47）这一炮放成哑炮。

（48）这些家具分成三份。

（49）好端端的一个国家被列强分割成一块块支离破碎的殖民地了。

（50）一个细胞分裂成两个细胞。

（51）我们的队伍已分散成相对独立的小分队了。

（52）老人终于把这个弃婴抚养成人了。

（53）仓库里的大白菜已腐烂成一堆上好的肥料。

（54）工程师把曲线改成了直线。

（55）他把这部小说改编成电影了。

（56）这座办公楼已改建成宾馆了。

（57）废车厢改造成了售货亭。

（58）一间房隔成了两个小屋。

（59）老教授把这些方法归纳成一个公式。

（60）这个小雪球滚成大雪球了。

（61）康师傅把这块馅和面粉包成元宵。

（62）学生把这种溶液过滤成能使用的材料。

（63）他把眼睛合成一条缝儿。

（64）他把这段时间的工作汇报成了另一种样子。

（65）亿万群众汇集成一片人的海洋。

（66）这个人把各种有关星象的知识汇集成一本小册子。

（67）包子夹成馅饼了。

（68）工人们把小麦加工成面粉。

（69）牛羊把这块苗圃践踏成不毛之地。

（70）我们把这些东西搅拌成糊状。

（71）他快被教训成智力障碍者了。

（72）木工把一根树枝截成了拐棍。

（73）两个氧原子和一个氢原子结合成一个水分子。

（74）我把两种方法结合成一种更有效的方法。

（75）他把这个小铺子经营成一个大商店了。

（76）他把污水净化成纯净的水了。

（77）这些孩子都看成近视眼了。

（78）那个孝子都哭成了个泪人儿了。

（79）爷爷都把小孙子夸成了英雄。

（80）学校把住宅区扩建成这种规模。

（81）他把这个词理解成别的意思了。

（82）妈妈把这些柿子都晒成柿饼。

（83）这场大雨把我们淋成了落汤鸡。

（84）血水流成河。

（85）你把柴火搂成堆。

（86）大伙儿搂成一团。

（87）这麻袋里的粮食都霉烂成了肥料。

（88）李老师把当时的情况描述成一个动人的故事。

（89）她把过去几十年的经历描写成了一个凄婉动人的爱情故事。

（90）麦子都磨成白面了。

（91）他都抹成花脸了。

（92）这褥子都被你尿成什么样子了？

（93）水在零摄氏度凝固成冰。

（94）衣服拧成麻花了。

（95）看你都趴成罗锅儿了。

（96）油漆工把墙喷成天蓝色。

（97）泉水喷射成扇形。

（98）黄豆在水中膨胀成一个白胖子。

（99）她硬是让报界捧成了明星。

（100）竹竿披成了两半。

（101）一棵树劈成了两半。

（102）她把毛线劈成了好几股。

（103）一棵大白菜叫你劈成一个小细芯了。

（104）他把我泼成了个落汤鸡。

（105）他把家具漆成暗红色。

（106）你都快把她欺负成一个智力障碍者了。

（107）他把西瓜切成半月牙儿型。

（108）衣物已经燃烧成灰烬了。

（109）这位妇女把头发染成了红色。

（110）大家嚷成了一团。

（111）奶奶把这个字认成另一个字了。

（112）糖跟水溶解成糖水溶液。

（113）冰雕作品融化成一片水。

（114）他把那张纸揉成了一个纸团儿。

（119）庄严的会场顿时骚动成一锅粥。

（120）车把式把绳子系成了死扣。

（121）十万字删成两万字了。

（122）这杆毛笔使成了一根秃棍儿。

（123）过多的化肥把花的叶子烧成了黄色。

（124）这个赌徒已经输成了穷光蛋。

（125）妈妈把这孩子数落成泪人了。

（126）这几个茶杯他都给摔成了碎片。

（127）郑老师把小明说成了泪人。

（128）这几张报纸他全撕成了碎片。

（129）裤子都快缩成短裤了。

（130）这批年轻人很多都被提拔成工程师了。

（131）工人们把苇坑填成了平地。

（132）颜色调成粉红色了。

（133）基建处把双重领导调整为单一领导。

（134）爸爸把墙涂成灰白色。

（135）我们团结成一个很有战斗力的集体。

（136）他给我把平头推成了光头。

（137）这头都快脱成秃子了。

（138）这墙皮已经脱落成这个样子了。

（139）这位先生竟把历史歪曲成这个样子。

（140）他用角铁弯成一个架子。

（141）她把孩子喂成一个小胖墩儿。

（142）她把药味儿闻成水果香味儿了。

（143）她把自己伪装成一名教师。

（144）他把铁皮窝成直角。

（145）他右手握成一个拳头。

（146）他们下成了平局。

（147）他把那个人形容成一个魔鬼。

（148）树冠都修成伞形了。

（149）好好的一把锄头锈成一块废铁。

（150）那个姑娘被驯服成了一个淑女。

（151）他把这几个孩子都训成小绵羊了。

（152）他被教练训练成一员虎将。

（153）馒头让你压成饼了。

（154）编辑把这个长篇压缩成一个短篇。

（155）大成把钢管轧成弯的。

（156）咸鸭蛋腌成了。

（157）我把这些萝卜腌成咸菜了。

（158）你给我把盐磨成面儿。

（159）老爷子养成个胖子了。

（160）这个流氓把玻璃砸成了碎片。

（161）这孩子把好端端的一本书糟蹋成了一堆废纸。

（162）这几个姑娘都被他糟蹋成了这种样子。

（163）这孩子被扎成了哑巴。

（164）哈哈镜把人都照成一副怪模样。

（165）夜晚的广场被灯光照耀成白昼。

（166）这些水全都蒸发成水蒸气了。

（167）我们要把这个市场整顿成一个繁荣、有秩序的新市场。

（168）那个江湖郎中把一个好端端的孩子治成了一个聋人。

（169）他们把荒山治理成了花果山。

（170）她的裙子皱成了一团。

（171）爸爸把眉头皱成了一团。

（172）奶奶把饺子煮成片儿汤了。

（173）他已经转变成一名合格的营业员。

（174）他们把大厅装饰成了宫殿。

（175）中国女排在落后九分的情况下把比赛追成了平局。

（176）他们把有关材料综合成一篇文章。

（177）经理醉成了一摊泥。

（178）这小伙子把好事做成了坏事。

4. V+完

（1）服务员们把一个"二龙戏珠"的图案摆完了。

（2）护照王先生已办完了。

（3）王先生的护照办完了。

（4）参观团已办完了介绍信。

（5）浮桥工兵已架完了。

（6）我们家干菜都晾完了。

（7）我先把这团线绕完。

（8）你口袋粘完了吗？

5. V+好

（1）色拉油打好了。

（2）行李我已经打好了。

（3）同伴把行李打好了。

（4）豆腐已经点好了。

（5）我总点不好这豆腐。

（6）箱子你钉好了吗？

（7）雪人堆好了。

（8）你糖醋汁儿兑好了没有？

（9）肉馅儿姐姐已经剁好了。

（10）她手印儿摁好了。

（11）跟斗他都翻不好。

（12）一条长蛇阵马上摆好了。

（13）我昨天把结婚证办好了。

（14）工兵已把桥架好了。

（15）圆筒他已卷好了。

（16）李木匠把房架砍好了。

（17）萝卜干儿晾好了。

（18）已经录好两个节目了。

（19）小朋友排好了队。

（20）我替老师排好了名单。

（21）大会秘书处排列好了主席团名单。

（22）路铺好了。

（23）工人们把路都铺好了。

（24）筑路工又铺好了一段铁路。

（25）圈儿已经圈好了。

（26）线圈儿他已经绕好了。

（27）我把馒头揉好了。

（28）我明天就能把台灯座粘好。

（29）台灯座粘好了一个。

（30）咱们今晚得把饲料铡好。

（31）你耳洞扎好了吗？

（32）地基已经砸好了。

6. V+来/上来/下来/上

（1）他终于奋斗来一张大专文凭了。

（2）钢镚儿换来一大把。

（3）我换来一大把钢镚儿。

（4）她骂上劲儿来了。

（5）火着上来了。

（6）涮下来一些油。

（7）她把手印儿摁上了。

7. V+去/下去

（1）夕照塔让闪电劈去一个塔尖。

（2）两颊陷下去一个坑。

8. V+起/起来

（1）编写班子还没凑起来。

（2）孩子用头把帆布顶起一个大鼓包。

（3）他们摞起一个砖垛。

（4）那堆煤自己着起火来了。

（5）马蜂把我的脸蛰起好几个包。

（6）小孩子的额头上肿起一个大包。

9. V+到

（1）查档案查到了线索。

（2）警方调查到了一点线索。

（3）我们把行李减轻到一个小包。

（4）强度减弱到最低限度。

（5）她终于磨到了一张休假条。

（6）他没有寻找到任何东西。

10. V+为/作

（1）当年的那棵小树苗已经成长为参天大树了。

（2）尼龙绳扯作一团了。

11. V+在

（2）这块贴花妈妈补在裙子上了。

（3）妈妈把一块补丁补在裤子里边。

（10）孩子们把雪人堆在院子中间了。

12. V+着

（1）火已经点着了。

（2）你把火点着。

（3）他悠然地吐着烟圈儿。

13. V+得

（1）这位师傅面拉得怎么样啊？

（2）他把尾音拉得长长的。

（3）他被驳斥得满头大汗。

（4）口子裂得很大。

（5）缝儿裂得很大。

（6）坑刨得深了。

（7）你把圈儿圈得圆一点儿。

（8）裤线熨得笔直。

（9）你肉馅剁得怎么样了？

（10）手印儿摁得清清楚楚。

（11）你能把这个圈儿窝得再圆一些吗？

（12）你裤线熨得真直。

（13）这个窟窿捅得可不小！

14. V+A

（1）我把飞机叠坏了。

（2）我箱子钉大了。

（3）这孩子把糨糊打坏了。

（4）这孩子把盒子钉歪了。

（5）这位师傅把豆腐点老了。

（6）辫子梳歪了。

（7）你把拳头握紧。

（8）你连裙子的褶儿都熨不直。

15.（正）在+V

（1）妻子正在包馅饼。

（2）小莹在吹泡泡。

（3）他还在吹口哨。

（4）她在劈叉呢。

（5）刘师傅正在锁花边儿。

16. V+其他

（1）手上被铡掉一块肉。

（2）来客身上补满了补丁。

（3）这块伤疤他自己小时候割的。

（4）你煎一点芦根水。

（5）你别揪我一身纸屑。

（6）妈妈把门打开一条缝儿。

（7）你别靠我一身灰。（祈使句）

（8）我把这种模拟的鸟鸣声再拉一遍。

（9）说话别总拉长音。

（10）我比妈妈多捏死几只虫子。

（11）法官判他杀人罪。

（12）小学生一个人刨一个树坑。

（13）你线圈儿绕过没有？

（14）她自己会冻冰棍儿。

（15）植物通过种子繁殖后代。

附录4 《古汉语常用字字典》中动词用例考察

我们对于《古汉语常用字字典》（1998年版）中具有结果义的单音节动词的用例进行了初步收集，整理出以下单音节动词及其用例，由于这类单音节动词的词义中已经包括了动作方式（或动作对象）及动作的结果（或动作方向），因此当该动词在句法组合中出现时一般不会再出现相应的表示动作结果或动作方向的成分，在话语使用中可以直接后加名词或名词性结构。

表1 古汉语动词用例分析

序号	动词	释义及用例
1	熬	熬干，煎干。《周礼·地官·舍人》：共饭米熬谷。
		引申煎焦。《后汉书·边让传》：多汁则淡而不可食，少汁则熬而不可熟。
2	拗	用手折断。《梁乐府·折杨柳枝歌》：上马不捉鞭，反拗杨柳枝。
3	拔	拔起来，拔出来。《三国志·吴书·吴主传》：秋八月朔，大风……松柏斯拔。《史记·秦始皇本纪》：拔剑自杀。
		攻取。《史记·魏公子列传》：拔二十城。
4	残	杀害，伤害。柳宗元《断刑论》：秋冬之有霜雪也，举草木而残之。
5	冲	向上冲。《韩非子·喻老》：虽无飞，飞必冲天。
6	瘳	病好了。《诗经·郑风·风雨》：既见君子，云胡不瘳！《后汉书·华佗传》：病皆瘳。
		损失，损害。《国语·晋语二》：君不度而贺大国之袭，于己也何瘳？

续表

序号	动词	释义及用例
7	雠	售，卖出去。《墨子·经下》贾宜则雠。《史记·高祖本纪》：高祖每酤留饮，酒雠数倍。
8	摧	折断。焦延寿《易林·坤·屯》：苍龙单独，与石相触，摧折两角。范仲淹《岳阳楼记》：樯倾楫摧。
		摧毁，毁坏。李贺《雁门太守行》：黑云压城城欲摧。
9	登	由低处到高处。《荀子·劝学》：故不登高山，不知天之高也。
10	颠	跌倒，倒下。《论语·季氏》：危而不持，颠而不扶，则将焉用彼相矣？柳宗元《逐毕方文》：民气不舒兮，僵踣颠颓。
11	跌	失足跌倒，摔倒。晁错《言兵事疏》：跌而不振。
12	订	订正，改正。《晋书·荀崧传》：亦足有所订正。
13	睹	见，看见，《荀子·王霸》：其谁能睹是而不乐也哉！
14	顿	倒下。《汉书·陈遵传》：顿仆坐上。
15	堕	落，掉下来。《史记·贾谊传》：怀王骑，堕马而死。
16	偾	扑倒，跌倒。《庄子·天运》：一死一生，一偾一起。
		引申倒毙。晁错《言守边备塞疏》：输者偾于道。
		奋起。《左传·僖公十五年》：张脉偾兴，外强中干。
17	复	回来，回去。屈原《九章·哀郢》：至今九年而不复。
18	覆	翻，翻转过来。《荀子·王制》：水则载舟，水则覆舟。《史记·陆贾传》：如覆手耳。
19	割	用刀切断、截下。陆游《初夏幽居》诗：雨霁郊原割麦忙。
20	彀	把弓拉满。《韩非子·外储说左上》：彀弩而射。
21	顾	回头看。屈原《离骚》：瞻前而顾后兮。（瞻：向前看。）
22	刿	刺伤，划伤。《老子》：廉而不刿。
23	陟	登上。《尚书·顾命》：王麻冕黼裳，由宾阶陟。
		升起。《诗经·鄘风·处东》：朝陟其西，崇朝其雨。
		坠落。《尚书·微子》：王子弗出，我乃颠陟。

续表

序号	动词	释义及用例
24	歼	杀尽，消灭。《左传·僖公二十二年》：公伤股，门官歼焉。
25	剪	剪断。贾思勰《齐民要术·种韭》：韭高三寸，便剪之。
		引申裁去，铲去。刘勰《文心雕龙·熔裁》：剪截浮词谓之裁。
		削弱，消灭，灭掉。《左传·成公十三年》：又欲阙剪我公室。《左传·成公二年》：余姑剪灭此而朝食。
26	见	看见。《史记·韩非传》：寡人得见此人与之游，死不恨矣。
27	僵	向后倒下。《史记·苏秦列传》：详僵而弃酒。
28	降	从高处往下走。《左传·僖公二十三年》：公降一级而辞焉。
		引申降下，降落。《荀子·议兵》：若时雨之降，莫不说喜。
		又降低。《史记·李斯列传》：如此弗禁，则主势降乎上，党与成乎下。
29	漉	淘干，使干涸。《礼记·月令》：仲春之月，毋漉陂池。
		渗。《战国策·楚策四》：夫骥之齿至矣，服盐车而上太行，……漉汁洒地，白汗。
30	殍	饿死。《辽史·杨佶传》：燕地饥疫，民多流殍。
31	剖	破开，分开。《庄子·逍遥游》：魏王贻我大瓠之种，我树之成，而实五石，……剖之以为瓢。
32	仆	向前倒下。柳宗元《蝜蝂传》：卒踬仆不能起。泛指倒下。张溥《五人墓碑记》：抶而仆之。
33	杀	弄死，杀死。《史记·陈涉世家》：尉剑挺，广起，夺而杀尉。柳宗元《捕蛇者说》：去死肌，杀三虫。
34	睡	坐着打瞌睡。《史记·商君列传》：孝公时时睡，弗听。
		引申睡着，睡觉（后起意）。杜甫《彭衙行》：众雏烂漫睡。寝，指在床上睡觉，或病人躺在床上，不一定睡着。《公羊传·僖公二年》：寡人夜者寝而不寐。卧，是靠在几上睡觉，引申为躺在床上，也不一定睡着。眠的本义是闭上眼睛（与"瞑"同字），引申为睡眠。"寐"是睡着，"睡"是坐着打瞌睡。中古以后睡是睡着，与"寐"同义，又表示睡觉，与"寝"同义。

续表

序号	动词	释义及用例
35	退	向后走，退却。《韩非子·五蠹》：退则死于诛。
		引申归，返回。《盐铁论·本议》：交易而退。
		辞去官职。潘岳《闲居赋》：于是退而闲居，于洛之涘。
36	闻	听见。《史记·高祖本纪》：项羽卒闻汉军之楚歌。
		引申听说。《商君书·更法》：臣闻之。
37	寤	睡醒，与"寐"相对。《诗经·陈风·泽陂》：寤寐无为，辗转伏枕。
39	晞	晒干。《诗经·秦风·蒹葭》：白露未晞。
40	偃	仰卧。《诗经·小雅·北山》：或息偃在床。
		引申向后倒，与"仆"相对。柳宗元《三戒·临江之麋》：抵触偃仆，益狎。
		泛指倒下。《尚书·金縢》：禾尽偃。
41	缢	吊死，上吊。《左传·桓公十三年》：莫敖缢于荒谷。
		又绞死，勒死。《左传·昭公元年》：缢而弑之。
42	殪	射死。屈原《九歌·国殇》：左骖殪兮右刃伤。
43	挹	舀，把液体盛出来。《诗经·大雅·泂酌》挹彼注兹。
44	抑	按，向下压，与"扬"相对。
45	踊	登上。《公羊传·成公二年》：踊于棓而窥客。
		物价上涨。《后汉书·曹褒传》：时春夏大旱，粮谷踊贵。
46	愈	病好了。《孟子·公孙丑下》：昔者疾，今日愈。
		胜过。《左传·襄公十年》；病不犹愈于亡乎？
47	陨	从高处掉下，坠落。《左传·僖公十六年》：陨石于宋五。
		死亡。《韩非子·说疑》：陨身灭国。
48	凿	凿开，挖通。《战国策·齐策四》：请为君复凿二窟。
49	瞻	往上或往前看。《论语·子罕》：瞻之在前，忽焉在后。屈原《离骚》：瞻前而顾后兮。

续表

序号	动词	释义及用例
50	斩	砍，砍断。贾谊《过秦论》：斩木为兵，揭竿为旗。
51	绽	衣缝裂开。《礼记·内则》：衣裳绽裂。泛指开裂，裂开。杜甫《寄刘峡州伯华使君四十韵》：凭久乌皮绽，簪稀白帽棱。
53	折	折断。《韩非子·五蠹》：兔走触株，折颈而死。
54	摺	读"折"，折断。《淮南子·修务训》：摺胁伤干。
55	踬	跌倒，绊倒。《左传·宣公十五年》：杜回踬而颠，故获之。
56	陟	登，上。一般指登山或登高。《诗经·周南·卷耳》：陟彼高冈，我马玄黄。
		提升，提拔。诸葛亮《出师表》：陟罚臧否，不宜异同。
57	诛	杀死。晁错《贤良文学对策》：诛而不赏，则勤励之民不劝。
58	祝	断绝，剪断。《谷梁传·哀公十三年》：祝发文身。
59	缒	用绳子拴着人、物从高处往下送。《左传·僖公三十年》：许之，夜缒而出。
		又指用绳子拴着从低处升到高处。《左传·昭公十九年》：子占使师夜缒而登。
60	坠	落下，掉下。《列子·天瑞》：杞国有人，忧天地崩坠。

附录5 "得"字组合式动补结构语料

一、剧本《说出你的爱》中收集的相关语料

本部分收集的语料来源：徐萌的电视剧本《说出你的爱》，上海人民出版社，2003年版。括号内注明了该语料的页码，共收集语料95条。

1. 吴大卫挥动着信："你知不知道你有多难看，穿得像我外婆，严肃得像个修女！那天不过是下雨……"（7）

2. 贞贞脸气得发白："下了雨你就可以胡说八道吗？你忘了你对我说过的话……"（7）

3. 郭贞贞一脸泪水，此时阿光回过头，正好看见这张脸，但他沉浸在自己的痛苦中，看见贞贞的泪眼，突然咧着嘴笑了起来，只不过笑得有点难看。贞贞看见阿光笑她，哭得更厉害了。（12）

4. 贞贞惨然一笑："……告诉你，我不傻，我听得出来，什么话是真的，什么话是假的！"（15）

5. 巨大的水晶吊灯闪着美丽的光芒，衣冠楚楚的男士、珠光宝气的女士纷至沓来——丰益银行本是一家规模并不算大的外资银行，还没有开始经营人民币业务，但管理却很正规，企业文化也搞得有声有色。（17）

6. 苏雷上下打量着郭贞贞："小姐，你知道吗？在我的眼光里，其实我觉得你长得真的很漂亮，要是你不介意，我很想告诉你，你穿这种颜色真的不合适……"（19）

7. 罗小姐连忙点头："对对，是是，你说得对，其实我也很传统的。"（25）

8. 阿光听了半天，一头雾水："你讲得太玄了，你知道我智力有限，情商不高的！"（29）

9. 阿光坐在餐厅门口外的等候区一边翻着菜谱一边念念有词，等到菜谱背得差不多了，他才有心思看看菜谱后面的价钱，……（30）

10. 阿光得意地笑了："你不要把我夸得那么好，我不会多给你小费的。"（32）

11. 领班接过钱，笑了："放心，我一定把你照顾得像一位重要客人，不为这钱，而是为了你对女朋友的一片心！"（32）

12. 张宝："把女人看得更清楚了？庆幸自己没有上当？"（34）

13. 罗小姐冷笑着："看看你那副样子，天底下就你纯情，就你认真！穿得古里古怪，说话直来直去，我告诉你，你这样的女孩子一点也不招人喜欢，没有人会喜欢你，你就死了这份心吧！"（42）

14. 罗小姐气得直哆嗦："我阴阳怪气？！好啊，你好大胆子！你以为你是谁？我说你一句都不行吗？"（42）

15. 罗小姐看见张宝，委屈得眼圈都红了："你问她！"（42）

16. 郭贞贞看着张宝："对，您说得很对！"（43）

17. 张宝："她像蛋白质一样：健康、纯净、营养、圆满。和她在一起你会长得又高又壮！"（44）

18. 张宝："不，我觉得你生活得很不好！你天天关在屋里写程序，跟外界一点也不接触，我担心你会出问题……"（45）

19. 一阵山风吹过来，郭贞贞的裙子卷得高高的，……（47）

20. 张宝："……我苦读五年，每天在图书馆坐到夜里两点，我连续三个月只吃鸡肉汉堡包，吃得我都快成了会打鸣的公鸡！"（79）

21. 张宝："……过去30多年我活得像木乃伊，早晨睁开眼就开始盘算如何逃避……"（78）

22. 镭射头看着苏菲："男孩女孩？你是不是恋爱了？告诉你，你可不要玩得太野！"（80）

23. "我玩什么了？我一天到晚待在公司里，忙得要命……"（80）

24. ……车上的人看着郭贞贞，看得她脸发烧。（85）

25. 张宝哭笑不得地看着苏菲："我长得就那么没个性？真的让人记不住吗？"（87）

26. 苏菲在他身后笑起来。笑得很开心。（92）

27. 苏菲笑得更欢了，……（92）

28. 苏菲已经坐在餐桌前吃起了稀饭，吃得很香，看见张宝，……（95）

29. 张宝低头笑，笑得像大姑娘。（96）

30. "不，就是偏见！你活在一个被保护的世界，虽然每天上街，其实活得与世隔绝……"（96）

31. 阿光直呆呆地看着张宝："你说得对！"（98）

32. 刘向高笑笑："我这个人有个毛病，什么东西都要摆得整整齐齐——这餐具的位置摆错了，用起来很不顺手……"（124）

33. 高芷玲："……看样子你玩得挺酷的……"（129）

34. 郭贞贞气得要命。（129）

35. 郭贞贞粲然一笑："想得美，要是你爱上我呢？"（130）

36. 阿光突然有些伤感："张宝，求求你，就算你说得都对，可是我还是想去看她，就算是飞蛾扑火，我也要去！"（135）

37. 她接起手机："……你不觉得你们这些人一天到晚混在一起过得很无聊吗？"（149）

38. 芬妮吓得捂住了嘴。（150）

39. 客人气得浑身发抖，放下餐巾……（151）

40. 张宝："你不是挺有本事吗？吵得大老远都听见了，吵得餐厅里的人逃命一样往外跑，还用我管那么多吗？"（153）

41. 阿光："你难道真的要把这场爱情进行到底？告诉你，你如果近身逼抢太过，死缠烂打，坏的结果来得更快！"（155）

42. 酒会现场，刘向高拿着手机，听得龇牙咧嘴，不得不把手机拿到离耳朵远一点的地方。（159）

43. 高芷玲被骂得目瞪口呆，竟然说不出话来……（161）

44. 他回头看着她："他的事你怎么知道得这么清楚？你是不是被他骗过？"（161）

45. 张宝不以为然地："哎，也许你是想多了吧，一定是你那天打扮得太漂亮了，勾起了他少年心事——"（174）

46. 阿文一脸不屑，坐在沙发上："哦，现在爱得那么火热，我年轻的时候也这样爱过，没有用的。"（195）

47. 张宝连声答应："哎，哎，这笔账我算得过来，我一定答应你！"（197）

48. 张宝惊讶地看着阿光，想从阿光肩上看过去，可阿光的身子把门堵得严严的。（198）

49. 高芷玲又开始抹眼泪，阿光抽出一张面巾纸拿给她，高芷玲哭得更凶了。（199）

50. 张宝坏笑："战场打扫得不错！"（201）

51. 张宝笑得已经动不了了。（204）

52. 苏菲表情古怪地走过来："什么好东西吃得那么香？有那么好吃吗？"（209）

53. 高芷玲一笑："我摸摸你心跳得快不快，是不是心疼了？"（211）

54. 苏菲气得又要向外喊，……（213）

55. 张宝："……你看她把房子收拾得这么干净，我一回来就有热饭吃……"（213）

56. 苏菲气得直翻白眼。（213）

57. 阿光用异样的眼光看着高芷玲："你说得真好……"（214）

58. 阿光也看看表："哎，都快10点了，时间过得真快，我要回去了。"（215）

59. 罗小姐咬着手指："……我就天天想啊想，想得头都大了，想得人都老了，可是想也没有用！"（217）

60. 正在擦地板的阿文接起电话："……他昨天睡得很晚的——"（225）

61. 张宝："……人讲卫生是为了让自己活得更好，而不是让自己活得累……"（232）

62. 九十度裤子先生笑得上气不接下气……。（234）

63. 九十度裤子先生连声说："……她去餐馆打工打得昏天黑地的，人瘦得一把骨头……"（236）

64. 九十度裤子先生苦笑着："要说最不是东西的就是我，我现在后悔得不得了。"（237）

65. 张宝苦恼地摇头，拍拍九十度裤子先生的肩膀："……想你一个医学博士，一个拿手术刀的，把人的身体看得那么明白，居然也会犯这种低级错误！"（237）

66. 阿文守着一大盘意大利面条吃得正欢，……（239）

67. 男人拉开椅子坐下："对不起，也许我这话说得不准确，让你误会了！我只是想认识你！"（239）

68. 张宝惊讶地看着苏菲："你恢复得太快了，真让我怀疑以前是不是认识过你！"（244）

69. 罗小姐对着镜头说："……我们这些人的生活并不像别人想象的那样风光，每天穿制服赶打卡，忙得晚饭都顾不上吃，我对自己的工作不喜欢也不讨厌，准时上班只是为了那笔固定的钱。"（246）

70. 郭贞贞看一眼小梅："你刚才不是说得很清楚了吗，我要待下去就会成这样的！"（247）

71. 阿文兴奋地："……你长得很耐看，不是浓眉大眼的那种……"（253）

72. 镭射头："……你把自己涂抹得乱七八糟，怎么去面对未来，面对自己的孩子？"（256）

73. 刘向高："……你喝得烂醉……"（263）

74. 贞贞迷惑地抬头向上看："不会吧，他醉得连站都站不起来

了！"（267）

75. 阿光："有没有从小到大都是考第一名，工作起来像个女强人，看言情电视剧的时候却哭得一塌糊涂？"（270）

76. "……我正好想晚饭吃得晚一点儿，然后我们去泡吧！"（277）

77. 张宝："……那个芬妮笨得要命！"（277）

78. 郭贞贞笑得弯下腰钻到桌子下面。（284）

79. 她把头拱得低低的，往阿光怀里扎。阿光把郭贞贞抱得更紧了。（289）

80. 镭射头笑着对贞贞伸出了大拇指："打扮得这么漂亮，要去约会吗？"（294）

81. 张宝说得没有错，爱情是会为自己找到出路的。（296）

82. 她走得很慢，很小心。（311）

83. 阿文气急败坏地看着她们走进医院大门，气得一把拉开车门……（318）

84. 阿光点了下头："很好！回答得很妙！"

镭射头："那要谢你喂词喂得好！"（323）

85. 阿光："好，这一点做得像个绅士！男人就是应该尊重自己！"（324）

86. 镭射头眼睛睁得老大。（331）

87. 镭射头拉住阿光上前就是一拳："……你知道贞贞哭得有多伤心！"（337）

88. 阿文："……一天到晚把自己弄得蓬头垢面，有什么意思？"（338）

89. 步先生："……知道你不喜欢把感情的事弄得很乱……"（341）

90. 贞贞呆呆地看着镭射头，突然捂着脸哭起来，她哭得特别委屈。（347）

91. 黑暗中阿文沉默了好一会："张宝，跟我说实话，这些年有没有恨过我？我是不是伤你伤得很厉害？"（350）

92．九十度裤子先生："阿文，把话跟我说明白，就是死你也得让我死个明白啊！"（352）

93．"就这样，我睡得无比安稳……"（356）

94．张宝一脸不以为然："……你气得发疯是因为你在乎这个人……"（357）

95．阿光哭得更响了。（358）

二、剧本《血浓于水》中收集的相关语料

本部分收集的语料来源：刘勇、熊诚的电视剧本《血浓于水》，安徽文艺出版社，2007年版，括号内注明了该语料的页码，共收集语料57条。

1．王秘书窘得脸发红，大家都笑起来。（6）

2．办公室里一阵窒息，窒息得令人心慌。（8）

3．寂静的夜，似乎把陈爱华压得喘不过气来，她起身，打开了床头灯。（14）

4．李洪亮激动得没法让自己说出话来。（38）

5．李洪亮知道出事了，"呼"的一下站起身来，气得一跺脚，满脸发紫。（49）

6．这一跤显然摔得不轻，嘴里发出"哎呦"一声。（81）

7．余思华痛得脸上直流汗水。（81）

8．徐天明：她说我任务完成得很好……（82）

9．阿亮从自己卧室里出来，穿得花里胡哨的，正欲出门。（86）

10．徐天明任罚，背着余思华在街边行走，他的手上还提着余思华的大行李包和皮箱，他累得不住地喘息，龇牙咧嘴地往前行进。（90）

11．徐天明累得再也支持不住，"咚"的一声，趴在了地上。（91）

12．李洪亮高兴得紧紧抱住女儿。（91）

13．陈爱华看余思华吃得很慢。（104）

14. 徐天明瞪一眼面前的余思华，他没有心情笑得出来。（104）

15. 彭丽华气得鼻孔往外出气，不理皮特。（120）

16. 员工甲："看你吓得脸都变色了。"（124）

17. 刘海富忽然一笑，笑得似乎很诚恳。（158）

18. 陈爱华手捧着鲜花，两眼潮湿，拼命朝着工人挥手，激动得说不上话来，不住地说"谢谢大家，谢谢你们……"（159）

19. 余思华看着开走的出租车，恨得直咬牙。余思华只得跟着往前开。（177）

20. 金哲民望着趴在方向盘上大睡不醒的陈爱华，气得脸色发紫，眼里直冒火星。（184）

21. 陈爱华：（无奈一笑）你怎么知道？是金哲民对你说的吧？！这下好，肯定被他骂得体无完肤了！这酒，真的该戒了！（187）

22. 余思华的迪斯科跳得非常好，……两人玩得开心无限。（194）

23. 两人都有些醉，余思华醉得大一些。（194）

24. 方子正没有想到余思华是这样一番说辞，弄得没话接下去了。（201）

25. 徐天明气得在屋子里团团转动。（206）

26. 余思华激动得满面是泪，转身就走，迎面看到了陈爱华。（212）

27. 李洪亮：小江说得对极了。（239）

28. 余思华：（继续说）丽华，你这些设计都是天马行空的野路子，太不实际了，如果这样下去，说得严重一点，你在大学读书是浪费金钱。（240）

29. 陈爱华：丽华，你今天打扮得好漂亮啊！（243）

30. 方子正：我和思华一定会生活得很和谐很幸福的。（245）

31. 陈爱华：报告书做得非常不错，今后，嘉华集团公司也有一个宏观的走向了。……（264）

32. 客厅里，李洪亮和小江正在茶几上摆积木，玩得开心。（289）

33. 陈爱华："看你那么快就吃完饭了，吃饱了吗？"

彭丽华："吃得好饱呀，家里的饭菜就是好吃！"（300）

33. 客厅里灯亮着，方子正平躺在沙发上睡觉，他似乎很累，睡得很死很沉。（352）

34. 陈爱华坚持自己的条件不变，弄得刘海富很狼狈。（354）

35. 方子正哭得说不下了。（357）

36. 金哲民似乎预感到有什么事发生，烟吸得很凶，等待显然没有了耐心。（366）

37. 刘小慧："妈，刚才谁来了，我听见爸爸笑得那么响亮。"（374）

38. 方子正：（愧疚地）哎，都是因为我，才弄的你们姐妹之间发生不愉快的事……（407）

39. 彭丽华呆呆地站在客厅里，气得眼里有泪水。（406）

40. 金哲民将彭丽华的手握得更紧。（408）

41. 陈爱华：我怎么想得开，简直是一颗重磅炸弹，人都蒙了。……（417）

42. 面对着背面的余思华，陈爱华气得再也说不上话来。（433）

43. 方子正：（不高兴的脸）思华，你怎么变得这样疑神疑鬼的？（437）

44. 余思华气得把电话摔了下去。（437）

45. 余思华气得两眼直冒火星。（452）

46. 余思华听得目瞪口呆。（452）

47. 彭丽华看着订单，高兴地和阿亮相互击掌。（453）

48. 彭丽华：（难过地）大姐，你听，二姐在哭耶！哭得好伤心！我们进去吧。（455）

49. 陈爱华手指着方子正，气得身子发抖。（456）

50. 徐天明说着，立即转身，他兴奋得无法自制。（469）

51. 魏琴满脸的眼泪，痛苦得说不出话来。（471）

52. 陈爱华气得脸色发青。（473）

53. 阿亮气得跺脚，满脸的失望和无奈。（475）

54. 刘小慧被打得摔倒在地。（486）

55. 刘小慧：……你为什么还要跟方子正交往，交往得还那么亲密？（486）

56. 陈爱华已经哭得上气不接下气了。（495）

57. 陈爱华双手捂住脸，激动得哭了起来。（501）